FORUM D PLUS

Die Gegenreizung

Dr. Karl-Heinz Kaiser

BRIDGE
DEUTSCHER BRIDGE-VERBAND E.V.

DEUTSCHER BRIDGE-VERBAND E.V.

Dr. Karl-Heinz Kaiser
FORUM D PLUS – Die Gegenreizung
Deutscher Bridge-Verband e. V. 2003
ISBN 3-935485-02-6

Lektorat: Waltraut Vogt, Stefan Preuß
Herausgeber und Verlag: Deutscher Bridge-Verband e.V.

Layout und Druck: Topp+Möller, Detmold

Inhaltsverzeichnis

Vorwort

Die FORUM D PLUS-Gegenreizung lässt sich wie folgt charakterisieren:

- ein komplettes, detailliertes System speziell für die Gegenreizung;
- präzise Festlegungen zur Stärke und Qualität eines Gebotes ermöglichen konstruktive und präzise Kontraktentscheidungen;
- für die besonderen Ansagen der kompetitiven Reizung „Überruf der Gegnerfarbe" sowie „Kontra" gibt es differenzierte Festlegungen in Abhängigkeit von der jeweiligen Bietsituation;
- nach gefundenem Fit folgen die Reizregeln den Grundsätzen des „Law of Total Tricks".

Nach meiner Kenntnis verwenden in Deutschland selbst viele Spitzenspieler nicht ein vergleichbares ausgefeiltes System für die Gegenreizung. Würden sie die FORUM D PLUS-Gegenreizung übernehmen, könnten sie damit die Qualität ihrer Kontraktentscheidungen steigern. Insofern stellt dieses Gegenreizungssystem auch ein Angebot an ambitionierte Turnierspieler dar, die als Eröffnungspartei ansonsten ein anderes Bietsystem verwenden.

Zusammen mit FORUM D PLUS - Die Wettbewerbsreizung deckt dieses Buch den gesamten Bereich der kompetitiven Reizung ab. Der Gliederungsaufbau folgt weitestgehend der Systematik des Lehrbuches zur Wettbewerbsreizung.

Das Buch enthält viele Beispiele und einige Übungsaufgaben zu jedem Kapitel.

Für ein weitergehendes Training der Gegenreizung bietet sich die CD „Gegenreizung" aus der Reihe „Biettraining mit Dr.Kaiser" an. Für jedes Ihrer Gebote erhalten Sie einen Kommentar von mir - wenn Sie es wünschen, auch über Lautsprecher. Außerdem bewerte ich die Qualität Ihrer Ansage in Punkten. Über das Statistikfenster können Sie den Fortschritt Ihrer Reizerfolge kontrollieren. Die CD gehört ebenfalls der Schriftenreihe des Deutschen Bridge-Verbandes an.

Wie findet man bei der Fülle des Stoffes ein ganz bestimmtes Reizthema bzw. eine spezielle Bietsequenz?

Zunächst bietet sich der systematische Weg über das detaillierte Inhaltsverzeichnis an. Sind Sie bereits mit der Gliederung des Lehrbuches zur Wettbewerbsreizung vertraut, wird Ihnen dieser Weg leichter fallen.

Dann steht Ihnen ein alphabetisches Stichwortverzeichnis zur Verfügung, um gezielt nach einem bestimmten Begriff suchen zu können.

Darüber hinaus finden Sie am Ende des Buches ein Verzeichnis der Bietsequenzen.

Haben Sie also Fragen zu einer speziellen Bietsequenz, können Sie mit Hilfe dieses Verzeichnisses leicht feststellen, ob das Buch diese oder eine ähnliche Bietsequenz enthält und auf welcher Seite Sie diese finden können.

Viel Erfolg bei Ihren FORUM D PLUS-Gegenreizungen!

Karl-Heinz Kaiser

Hat bereits eine Partei eröffnet, sind für die andere Partei geänderte Regeln maßgeblich, ob sie in die Reizung aktiv eingreifen soll. Die wichtigsten Motive sind:

- optimalen eigenen erfüllbaren Kontrakt bieten;
- dem Gegner Bietraum rauben und ihn bei seiner Reizung stören;
- ein günstiges Opfergebot finden;
- dem Partner eine Ausspielmarke geben.

Gerade letzterer Punkt führt dazu, dass oft Blätter mit guter Farbe, aber ohne eigene Eröffnungsstärke gegengereizt werden sollen; andererseits es aber klug sein kann, mit Blättern zu passen, die zwar Eröffnungstärke haben, aber weder eine gute lange Farbe, noch die geeignete Verteilung besitzen.

A Nach Eröffnung 1 in Farbe

Eine Partei hat 1♣, 1♦, 1♥ oder 1♠ eröffnet. Wie kann die Gegenpartei in die Reizung eingreifen?

I. NATÜRLICHE FARBGEGENREIZUNG IN 2.HAND

1. DIE FARBGEGENREIZUNG

Für die Farbgegenreizung sind Punktzonen mit Mindest- und Maximalstärke definiert.

Die in den folgenden Abschnitten vorgestellten Mindeststärken gelten grundsätzlich dann, wenn beide Parteien die gleiche Gefahrenlage haben.

Bei günstiger Gefahrenlage (Nichtgefahr der Gegenreizer, Gefahr der Eröffnungspartei):

Mindeststärke 1 Punkt absenken.

Bei ungünstiger Gefahrenlage:

Mindeststärke 1 Punkt anheben.

Außerdem: Hat das Blatt ein Singleton oder Chicane, kann die Mindeststärke um einen Punkt gesenkt werden.

1.1. GEGENREIZUNG AUF EINERSTUFE

Ausgangssituation:

Süd	West	Nord	Ost
			1♣
?			

Die Farbgegenreizung auf der Einerstufe verspricht: 5er-Länge, 9-18 FL.

Zone von 9-12 FL

Innerhalb dieser Zone wird die Gegenreizung entweder nur mit einer Farbe von guter Qualität gemacht oder mit einer unausgeglichenen Hand. Das Gebot will dem Partner oft ein gutes Ausspiel zeigen oder ein Opfergebot in der Verteidigung vorschlagen. Gerade bei Minimumzwischenreizungen mit der Zielsetzung Ausspielmarke sollte die Majorität der F-Punkte in der zwischengereizten Farbe liegen.

Zone von 13-18 FL

Ab eigener Eröffnungstärke wächst die Chance, dass die eigene Partei mindestens gleichstark ist und dass ein erfüllbarer Kontrakt gefunden werden kann. Entsprechend werden auch 5er-Farben von schlechter Qualität auf der Einerstufe gegengereizt. Die Gefahr, auf der Einerstufe im Strafkontra erwischt zu werden, ist nicht sehr groß.

Süd	West	Nord	Ost
			1♦
?			

a)	b)	c)	d)
Gefahr keiner	Gefahr alle	Gefahr N/S	Gefahr O/W
N / W O / S	N / W O / S	N / W O / S	N / W O / S
♠ D 8	♠ 8 7	♠ K 5	♠ D 8 6 3 2
♥ D 7 5 4 2	♥ K D B 9 6	♥ D 9 7 6 4	♥ B 6
♦ D 7 6	♦ 7 3	♦ 8 5	♦ 7
♣ K B 5	♣ D 8 6 5	♣ A K B 8	♣ K 10 9 6 4
Passe	1♥	1♥	1♠

a) Mit nur 10 F ist die Coeur-Farbe für eine Zwischenreizung zu schlecht.

b) Mit 9 FL ist die Minimumanforderung erfüllt. 1♥ ist eine hervorragende Ausspielmarke.

c) Die Eröffnungsstärke rechtfertigt selbst bei ungünstiger Gefahrenlage die Zwischenreizung auf der Einerstufe mit schlechter Farbe.

d) Nur 7 FL sind normalerweise zu wenig für eine Farbgegenreizung, erst recht mit solch einer schlechten Farbe. Doch die günstige Gefahrenlage und die sehr unausgeglichene Verteilung, zumal mit der Pikfarbe, rechtfertigen die Einerstufen-Reizung. Das Motiv ist ganz eindeutig, mit kleinem Risiko eine mögliche Verteidigung gegen gegnerische Vollspiele frühzeitig aufzuspüren.

1.2. UNTERFARB-GEGENREIZUNG AUF ZWEIERSTUFE

Die Unterfarb-Gegenreizung ohne Sprung mit 2♣ oder 2♦ verspricht: 6er-Länge oder sehr gute 5er-Länge, 11-18 FL.

Im Paarturnier kann bei 5er-Längen die Mindestanforderung an die Farbqualität, insbesondere in Nichtgefahr, etwas reduziert werden. Denn die gelegentlichen -500 oder -800 fallen im Paarturnier nicht so stark ins Gewicht wie im Team oder im Rubberbridge. Das Attribut „sehr gut" kann dann also durch „gut" ersetzt werden.

Süd	West	Nord	Ost
			1♠
?			

a)	b)	c)	d)
Gefahr keiner	Gefahr alle	Gefahr keiner	Gefahr N/S
N / W O / S	N / W O / S	N / W O / S	N / W O / S
♠ 8 3	♠ B 5 3	♠ 6 4	♠ A 7
♥ A 8 6	♥ K 8 7	♥ 4 3	♥ A K 6
♦ 5 3	♦ A 2	♦ A K 6 4	♦ B 8
♣ A D 8 7 5 3	♣ K 8 6 4 2	♣ K D 10 7 6	♣ A D 9 7 6 5
2♣	Passe	2♣ (?)	X

a) 12 FL mit ordentlicher 6er-Länge, eine seriöse Zwischenreizung.

b) Unabhängig von Turnierform und Stil wäre 2♣ mit dieser Hand schlechtes Bridge.

c) Im Paarturnier entspricht es dem allgemeinen Standard unter guten Spielern, mit diesem Blatt 2♣ zu bieten. Selbst im Team würden die meisten internationalen Spitzenspieler nicht widerstehen können, mit der guten Ausspielmarke und der attraktiven 5-4-Verteilung ins Geschehen einzugreifen.

d) 20 FL sind zu viel für eine Farbgegenreizung. Man muss zunächst ein Informationskontra abgeben.

1.3. 2♥-GEGENREIZUNG NACH 1♠-ERÖFFNUNG

2♥ auf 1♠: 5er-Coeur, ab 13 F, oder 6er-Coeur ab 11 FL.

Die Chance auf einen Oberfarbfit rechtfertigt ein größeres Risiko:

N / W O / S

♠ A 7
♥ D 10 8 7 5
♦ K B 5 4
♣ K 4

Süd	West	Nord	Ost
			1♠
2♥			

1.4. SPERR-GEGENREIZUNG

Natürliche Sprunggegenreizungen sind alle preemptiv und versprechen: 6-10 F.

Sprung auf die 2er-Stufe: 6er-Länge

Sprung auf die 3er-Stufe: 7er-Länge

Sprung auf die 4er-Stufe: 8er-Länge

Alle Sprünge sollten auf einer langen Farbe von guter Qualität basieren; die Nebenfarben sollten möglichst wenig Defensivwerte besitzen. Wenn die Farbqualität gut ist, spielt die Gefahrenlage nur eine untergeordnete Rolle. Allerdings empfiehlt es sich, in ungünstiger Gefahrenlage im Zweifel vorsichtig zu sein.

Alle in Gefahr

Süd	West	Nord	Ost
			1♦
?			

a) S

♠ K B 10 9 5 4
♥ A 7 5
♦ 7 5 3
♣ 7

2♠

b) S

♠ 5 3 2
♥ K D B 10 6 4 2
♦ 8
♣ 6 2

3♥

c) S

♠ A K 10 9 6 5 3 2
♥ 8
♦ 6 5 3
♣ 5

4♠

Der Sprung auf die 4er-Stufe kann auch mit 7er-Länge erfolgen, wenn die Restkarten sehr unausgeglichen verteilt sind: 7-3-3-0, oder 7-4-1-1 bzw. 7-4-2-0.

S

♠ 2
♥ A D B 10 8 6 4
♦ B 8 6 5
♣ 2

Süd	West	Nord	Ost
			1♠
4♥			

Sprünge ins Vollspiel können auch einmal geringfügig stärker als 10F sein, denn immerhin hat man ja Vollspiel erreicht[1]).

Süd	West	Nord	Ost
			1♦
?			

a)	b)
N / W O / S	N / W O / S
♠ AKD10754	♠ AKD10754
♥ –	♥ –
♦ D7	♦ B75
♣ B632	♣ KB2
4♠	1♠

a) Die kleinen Figuren in den Unterfarben stuft man gewissermaßen als vernachlässigenswert ein.

b) 14 F sind jedoch zuviel für das Sperrgebot 4♠.

Hat der Partner bereits gepasst, entfällt ein wesentlicher Grund für disziplinierte Sperrgebote:

Die Gefahr, dass man nicht den Gegner, sondern den starken Partner sperrt, besteht nicht mehr.

Hätte Nord bei Beispiel b) bereits gepasst, käme ein direktes 4♠ auch mit dieser Hand in Betracht.

1) Allerdings sind die Restriktionen der nationalen Turnierordnung zu beachten. Nicht alles, was vernünftig erscheint, muss erlaubt sein.

2. ANTWORTEN AUF FARBGEGENREIZUNG UND FOLGEREIZUNG

2.1. ANTWORTEN AUF EINERSTUFEN-GEGENREIZUNG

Süd	West	Nord	Ost
	1♣	1♥	p
?			

Mit Fit:

Die Reizregeln für die Antworten mit Fit in der Gegenreizung basieren stark auf den Erkenntnissen des „Law of Total Tricks", zu deutsch dem Gesetz der Stichsumme bzw. der Gesamtstiche. Nach dem Law soll man möglichst schnell die eigene Fitstufe belegen:

- mit 8 Trümpfen die 2er-Stufe
- mit 9 Trümpfen die 3er-Stufe
- mit 10 Trümpfen die 4er-Stufe

Es ist keineswegs gesagt, dass der so gereizte Kontrakt erfüllt wird. Doch selbst wenn der Kontrakt fällt, ist es meist besser, auf der eigenen Fitstufe zu fallen, als den Gegner seinen Kontrakt spielen zu lassen.

- einfache Hebung: 3 Trumpfkarten mit 6-10 FV (evtl. 11); evtl. auch 4 Trümpfe unausgeglichen 6-7 FV, mit ausgeglichener Verteilung bis 9F,

Süd	West	Nord	Ost
	1♦	1♠	p
2♠			

a)

♠ A 10 4
♥ 7
♦ 10 9 7 5 3
♣ 8 5 4 2

Minimum

b)

♠ A 8 5
♥ 6 3 2
♦ K D 7 6
♣ B 7 6

Maximum

c)

♠ A 8 5 2
♥ 6 3 2
♦ K D 7
♣ 8 6 5

Maximum

Die einfache Hebung deckt also eine breite Punktezone ab.

Wie kann die Reizung nach der einfachen Hebung weitergehen?

Ist der Gegenreizer in 2.Hand stark und hat Vollspielinteresse (ab etwa 17 FV), kann er ein Versuchsgebot abgeben:

Süd	West	Nord	Ost
	1♦	1♠	p
2♠	p	?	

2SA: mit Halt in Gegnerfarbe, 3SA könnte ein alternatives Vollspiel sein.

neue Farbe: natürliche 2.Farbe

Überruf Farbe des Eröffners: allgemeines Versuchsgebot.

Die Hebung der Fitfarbe auf die 3er-Stufe ist dagegen kein Versuchsgebot, sondern ein Sperrgebot.

Ab 20FV benötigt der Eröffner kein Versuchsgebot, er kann durch den Sprung ins Vollspiel die Reizung abschließen.

➠ Sprunghebung auf 3er-Stufe: 4 Trümpfe, 8-12 FV, nicht 4-3-3-3-verteilt

Süd	West	Nord	Ost
	1♣	1♥	p
3♥			

a) N / W O / S

♠ 7 6
♥ D 8 6 5
♦ D 10 7 5 4
♣ 6 4

Minimum

b) N / W O / S

♠ 7 6
♥ D 8 6 5
♦ D 10 7 5 4
♣ A 4

Maximum

Die Sprunghebung ist in erster Linie eine Sperreizung, sie raubt der Eröffnungspartei Bietraum.

Mit einer 4-4-3-2-Verteilung hat man eine Ermessensentscheidung zu treffen, ob man eine Sprunghebung machen möchte, oder ob man sich mit der einfachen Hebung begnügt. Man kann dies durchaus auch in Abhängigkeit von der Gefahrenlage entscheiden.

➠ Sprunghebung auf 4er-Stufe: 5 Trümpfe, tendenziell unausgeglichen, ca. 8-14 FV; oder 4er-Länge sehr unausgeglichen, ca. 12-14 FV.

Süd	West	Nord	Ost
	1♣	1♠	p
4♠			

a) N W O S
♠ D 10 7 6 3
♥ 7
♦ 9 8 7 4 3
♣ 6 4

8 FV
Minimum

b) N W O S
♠ D 10 7 6 3
♥ 6
♦ D B 7 6
♣ A 5 4

14 FV
Maximum

c) N W O S
♠ A B 7 5
♥ –
♦ D 10 6 5 3 2
♣ B 6 4

13 FV; 4er,
sehr unausgeglichen

In Vordergrund steht die enorme Sperrwirkung der unmittelbaren Hebung ins Oberfarbvollspiel. Dabei kommt es erfahrungsgemäß nicht selten vor, dass mit insgesamt wenigen Figurenpunkten das Oberfarbvollspiel erfüllt wird.

Mit 5 Trümpfen, aber einer 5-3-3-2-Verteilung soll man etwas zurückhaltender reizen.

Hier besteht die Gefahr der sogenannten „Trumpfvergiftung". Wenn nämlich der Partner auch ausgeglichen verteilt ist, hat man zwar sehr viele Trümpfe, aber man hat kaum Gelegenheit, damit zu schnappen.

➠ Cue Bid in Gegnerfarbe: 3 Trümpfe, ab 11-12 FV, auch 4 Trümpfe, 4-3-3-3-verteilt ab 10 F

N W O S
♠ A B 5
♥ K B 4
♦ K 10 6 5
♣ 8 6 5

Süd	West	Nord	Ost
	1♦	1♥	p
2♦			

Hat Nord mit weniger als Eröffnungsstärke zwischengereizt, ist es gut möglich, dass die eigene Partei nicht mehr als 2♥ erfüllen kann. Wenn die Gegner auch keinen großen Fit haben, können die Gegner ebenfalls oberhalb der 2er-Stufe keinen Kontrakt mehr erfüllen. Daher wäre es sehr unklug, mit nur 3 Trümpfen zu springen.

Das Cue Bid in Gegnerfarbe verspricht nicht zwingend Fit (siehe unten). In jedem Falle fordert es den jedoch den Partner auf, sein Blatt weiter zu beschreiben:

- 2 in eigener Farbe: Minimum, bis 11 F.

Alle anderen Gebote sind stärker:

- 3 in eigener Farbe: 6er, ab 12 F, forcing
- neue Farbe: natürlich, ab 12 F
- 2SA: 12-13 F, ausgeglichen, mit Stopper in Gegnerfarbe
- 3SA: ab 14 F, ausgeglichen, mit Stopper in Gegnerfarbe

Süd	West	Nord	Ost
			1♣
1♥	p	2♣	p
?			

a)
♠ A 7 5 4
♥ K D B 7 5
♦ 7 6 2
♣ 9
2♥

b)
♠ A 7 5
♥ K D B 7 5 2
♦ 6 4
♣ K 5
3♥

c)
♠ A 7 5 4
♥ K D 8 6 5
♦ K 6 5
♣ 4
2♠

d)
♠ A 7 5
♥ K 10 7 5 4
♦ B 9
♣ K B 6
2SA

➠ Sprung-Cue Bid in Gegnerfarbe: 4 Trümpfe, ab 13 FV

Süd	West	Nord	Ost
	1♦	1♠	p
3♦			

S:
♠ K 7 5 4
♥ A 2
♦ 8 7 6
♣ K B 7 6

Hat der Partner Minimum, zeigt er dies durch Reizen der Fitfarbe auf der 3er-Stufe.

➠ Sprung in neue Farbe: gute 5er-Länge in gereizter Farbe, 4 Trümpfe, ab 13 FV (Fitsprung)

Süd	West	Nord	Ost
	1♣	1♥	p
3♦			

S:
♠ B 6 5
♥ D 8 6 5
♦ A D 9 6 5
♣ 6

Der Fitsprung liefert vor allem eine wichtige Entscheidungshilfe, wenn beide Parteien auf höherer Stufe um den Kontrakt kämpfen. Erkennt der Gegenreizer einen Doppelfit, wird er im Zweifel höher reizen. Doppelfits erhöhen oft geradezu magisch die Stichsumme eines Spiels.

Ohne Fit:

Ab 8 F soll der Partner des Gegenreizers auch ohne Fit die Reizung offen halten.

➠ Farbwechsel auf Einerstufe: ab 4er-Länge, ab 8 F, rundenforcierend

Süd	West	Nord	Ost
	1♣	1♦	p
1♥			

a) S:
♠ D 8 6 5
♥ D 6 4 2
♦ 7 5
♣ A 7 6

b) S:
♠ A 6
♥ K D B 8 6 5
♦ A 6
♣ D 6 4

Die neue Farbe verspricht nur Mindestlänge und -stärke, ohne Obergrenze. Da das Gebot forcierend ist, ist ein Fit zu Partners Farbe nicht ausgeschlossen.

- Farbwechsel auf Zweierstufe: 6er-Länge oder solide 5er-Länge, 8-12 F, nicht forcierend

N
W O
S

♠ 8 6
♥ D 6
♦ 7 5 4
♣ A D B 7 6 5

Süd	West	Nord	Ost
	1♥	1♠	p
2♣			

Da die 2 über 1-Reizung in der Gegenreizung nicht forcierend ist, ist ein Fit zu Partners Farbe ausgeschlossen.

- Sans-Atout-Gebote:

1SA = 8-12 F, Stopper in Gegnerfarbe

2SA = 13-14 F, ausgeglichen, ab 1,5 Stopper in Gegnerfarbe

3SA = zum Spielen

Alle SA-Gebote sind nicht forcierend und verneinen einen Fit zu Partners Oberfarbe.

Süd	West	Nord	Ost
	1♦	1♠	p
?			

a)	b)	c)	d)
♠ 8 6	♠ 8 6	♠ K 7	♠ 8
♥ D B 8 7	♥ D B 8 7	♥ D B 8 7	♥ D 9 7
♦ A 8 6 3	♦ A B 7 6	♦ A B 7 5	♦ K 6
♣ 9 3 2	♣ K 6 4	♣ D 10 9	♣ A K D B 6 5 4

a) Passe. 1 Punkt zu wenig für 1SA. Mit weniger als 8 F 1SA zu bieten, ist zu riskant. Denn Partner muss nicht mehr als 9 FL besitzen.

b) 1SA. Zu schwach, um in 2SA zu springen. Nord hat keine Eröffnungsstärke versprochen.

c) 2SA. 13 F sind gerade ausreichend, um in 2SA zu springen.

d) 3SA. Süd sieht gute Chancen, 3SA zu erfüllen. Nord sollte auch mit 6er-Pik nicht 4♠ reizen.

- Cue Bid in Gegnerfarbe: in den allermeisten Fällen mit Fit; aber auch ohne Fit möglich:
  - mit einem Einfärber ab 13 F, der zu stark für einen nicht-forcierenden Farbwechsel ist;
  - mit einer starken Hand, ausgeglichen, ohne ausreichenden Stopper in Gegnerfarbe.

Süd	West	Nord	Ost
	1♦	1♠	p
2♦			

a) N / W O / S

♠ 7 6
♥ A K 10 7 6
♦ D 8 6
♣ A 7 3

b) N / W O / S

♠ D 6
♥ A K B 6
♦ B 7 6
♣ K 7 6 2

2.2. ANTWORTEN AUF UNTERFARB-GEGENREIZUNG AUF ZWEIERSTUFE

Hat der Antwortende Vollspiel-Ambitionen nach einer Unterfarb-Gegenreizung seines Partners, wird ein Vollspiel am ehesten in Sans Atout möglich sein. Darauf ist die Folgereizung weitgehend ausgerichtet.

- einfache Hebung auf 3er-Stufe: normalerweise mindestens 3 Trümpfe, 7-10 F; wenn keine andere Reizung möglich erscheint, kann mit 9-10F auch einmal eine Hebung mit einer Double Topfigur erfolgen.

N / W O / S

♠ K 7 5
♥ 8 6 5
♦ A 10 9 7
♣ B 7 6

Süd	West	Nord	Ost
	1♠	2♣	p
3♣			

Ab etwa 16 FL wird Nord einen Vollspielversuch unternehmen:

Süd	West	Nord	Ost
	1♠	2♣	p
3♣	p	3♥	p
3SA			

♠ 3 2
♥ A K 2
♦ B 6
♣ A D 10 5 4 2

N
W O
S

- Sprunghebung auf 4er- oder 5er-Stufe: Sperrgebote, sehr guter Fit, unausgeglichene Verteilung, figurenpunktschwach

  Bei der Entscheidung, wie hoch man sperrt, ist im Allgemeinen die Gefahrenlage zu berücksichtigen.

Keiner in Gefahr

Süd	West	Nord	Ost
	1♥	2♦	p
?			

a)

N
W O
S

♠ 6
♥ 9 7 6 4
♦ K 10 8 6 4
♣ B 10 9

4♦

b)

N
W O
S

♠ –
♥ 9 6
♦ K B 7 6 5 2
♣ B 8 6 5 2

5♦

- neue Farbe: auf Zweierstufe mit 5er-Länge, ab 8 F, rundenforcierend, 3♣ über 2♦, gute 5er, ab 12 F.

N
W O
S

♠ K D 10 8 7
♥ D 8
♦ 8 6 5
♣ D 6 4

Süd	West	Nord	Ost
	1♦	2♣	p
2♠			

Da der Farbwechsel forcierend ist, kann er sowohl mit als auch ohne Fit zu Partners Unterfarbe gereizt werden.

- Sans-Atout-Gebote:

  2SA = 10-12 F mit Stopper in Gegnerfarbe

  3SA = 12+ F, Stopper in Gegnerfarbe

  Die Erfüllungschancen eines Sans-Atout-Kontraktes sind deutlich besser, wenn ein kleiner Fit zu Partners Unterfarbe vorhanden ist. Bei Misfit ist Pessimismus angebracht.

Süd	West	Nord	Ost
	1♥	2♣	p
?			

a) S

♠ A B 6 2
♥ K 10 8 6
♦ K B 6 5
♣ 7

2SA

b) S

♠ A 6 4
♥ K 10 8 6
♦ K 8 6
♣ D 7 6

3SA

- Überruf Gegnerfarbe: ab 11 F, entweder Suche nach Stopper und/oder nach 4-4-Fit in einer Oberfarbe

Süd	West	Nord	Ost
	1♦	2♣	p
2♦			

a) S

♠ K 7 6
♥ A D 7
♦ 8 6 5 4
♣ K 5 3

b) S

♠ K 7 6 4
♥ A D 8 4
♦ D 7
♣ 10 9 6

2.3. Antworten auf 2♥-Gegenreizung

Dies betrifft nur eine Bietsequenz:

Süd	West	Nord	Ost
	1♠	2♥	p
?			

- einfache Hebung: ab 3 Trümpfe, 7-10 FV

- Sprunghebung ins Vollspiel: 3 Trümpfe, ab 13 FV, oder auch schwächer mit mindestens 4 Trümpfen und unausgeglichen

Süd	West	Nord	Ost
	1♠	2♥	p
4♥			

a) S:
♠ 8 6 4
♥ D 9 6
♦ A K 6 4 3
♣ K 6

b) S:
♠ 8 6 4
♥ A 9 8 6 5
♦ 10 9 6 4 2
♣ –

- Cue Bid in Gegnerfarbe:
  mit Fit: mindestens 3 Trümpfe, ab 11 FV
  oder
  ohne Fit: ab 11 F, kein anderes Gebot passt

Süd	West	Nord	Ost
	1♠	2♥	p
2♠			

a) S:
♠ A 6 5
♥ K 7 5
♦ B 8 6 5 4
♣ K 4

b) S:
♠ B 6 3
♥ D 8
♦ A K 7 5
♣ B 10 8 6

Der 2♥-Reizer wird mit Minimum auf jeden Fall nicht über 3♥ gehen. Mit Minimum, aber Stopper, 2SA bieten.

- Sans-Atout-Gebote:
  2SA = 10-12 F mit Stopper in Gegnerfarbe
  3SA = 12+ F, Stopper in Gegnerfarbe

- neue Farbe auf 3er-Stufe: gute 5er, ab 12 F, forcierend

2.4. ANTWORTEN AUF SPERR-GEGENREIZUNG

Für die Antworten gelten alle Regeln, die nach den entsprechenden Sperr-Eröffnungen gelten:

- einfache Hebung unterhalb von Vollspiel: nicht einladend, Verlängerung der Sperre
- Hebung ins Vollspiel: stark oder schwach (zum Erfüllen oder Sperre)
- 2SA nach 2♥/2♠: konventionell und forcierend; Antworten wie nach Weak Two-Eröffnung
- neue Farbe = nicht forcierend (weil der Gegner gereizt hat)
- Cue Bid in Gegnerfarbe = forcing, Frage nach weiterer Blattbeschreibung

2.5. DER 2.GEGNER HAT EBENFALLS EIN GEBOT ABGEGEBEN

(1) 2.Gegner hebt

Süd	West	Nord	Ost
	1♦	1♠	2♦
?			

(2) 2.Gegner hebt im Sprung

Süd	West	Nord	Ost
	1♣	1♥	3♣
?			

(3) 2.Gegner bietet neue Farbe

Süd	West	Nord	Ost
	1♣	1♦	1♠
?			

(4) 2.Gegner bietet Sans Atout

Süd	West	Nord	Ost
	1♣	1♥	1SA
?			

Diese 4 Situationen werden nachfolgend betrachtet.

Die Antworten auf Farbgegenreizung behalten soweit möglich ihre Bedeutung bei.

Besonderheiten sind beim Cue Bid in Gegnerfarbe zu beachten. Außerdem gewinnt man durch Gegners Gebot das Kontra als zusätzliche Ansage.

(1) <u>Der 2. Gegner hebt Eröffnungsfarbe</u>

- Kontra = Informationskontra
  - entweder für die Restfarben ab ungefähr 10 F, im Prinzip Double in Partnerfarbe;
  - oder mit 3 Trümpfen zur Partnerfarbe, ab 11FV

Süd	West	Nord	Ost
	1♣	1♥	2♣
X			

a)
♠ K 10 8 6
♥ 9 8
♦ A B 9 6 5
♣ D 6

b)
♠ 10 8 6
♥ A 7 5
♦ D B 6 5 4
♣ K 5

Der erste Gegenreizer soll zunächst davon ausgehen, dass der Partner einen Fit in einer Restfarbe sucht. Wenn der 2.Gegenreizer dann in der nächsten Bietrunde die erste Farbe vom 1.Gegenreizer unterstützt, ist klar, dass Fit ab 11 FV vorhanden ist.

- Überruf Gegnerfarbe

  Da dies zwangsläufig mindestens auf der Dreierstufe erfolgen muss, zeigt dies 4 Trümpfe, ab 13 FV (wie beim Sprung-Cue Bid, siehe Abschnitt 2.1.)

(2) <u>Der Gegner hebt die Eröffnungsfarbe im Sprung</u>

Fall 1: Der 1.Gegenreizer hat auf der Einerstufe eine Oberfarbe gereizt

- Kontra = Competitive Double

Der Gegner hat den Bietraum verknappt. Das Kontra übernimmt ausschließlich die Funktion einer Vollspieleinladung mit Fit in Partnerfarbe. Dies nennt man Competitive Double.

Süd	West	Nord	Ost
	1♣	1♥	3♣
?			

a)	b)	c)	d)
♠ A K 7	♠ K 7 2	♠ A 7 5 2	♠ A K 7
♥ D 6 4 3	♥ D 6 4 3	♥ D 9 6 4 3	♥ K D 6 4
♦ D 6 4 3	♦ D 6 4 3	♦ 7 5 3	♦ D 9 6 4 3
♣ 5 3	♣ 5 3	♣ 6	♣ 5
X	3♥	4♥	4♣

a) Competitive Double. Eine eindeutige Einladung zu 4♥.

b) Kompetitiv.

c) Eine Verteilungshand mit 5 Trümpfen eignet sich auch in dieser Situation zur 4♥-Sperre.

d) Das Cue Bid in Gegnerfarbe zeigt Stärke. Vollspiel ist zwingend, vielleicht kann sogar Schlemm gespielt werden?

Fall 2: Alle anderen Situationen

➠ Kontra = Informationskontra

Das Kontra zeigt eine positive Hand; Verteilung und Fit sind nicht eindeutig.

Süd	West	Nord	Ost
	1♥	2♣	3♥
?			

a)	b)
♠ K 9 6 3	♠ D 10 8
♥ 4 3	♥ B 4 3
♦ A K D 8 4	♦ A K 6
♣ 6 4	♣ K 9 7 5
X	X

Was will man mit den beiden Händen anderes tun, als mit Kontra ein aktives Lebenszeichen von sich zu geben?

(3) Der 2.Gegner bietet neue Farbe

➠ Kontra = Informationskontra

- ➠ für die 4.Farbe, in der Regel 5er-Länge; verspricht ab etwa 9-10 F (mit 2 Karten in Partnerfarbe);
- ➠ oder Fit in Partnerfarbe, ab 11 FV.

  Das Kontra benötigt man für Fit in Partnerfarbe nicht, wenn: Der Partner auf der Einerstufe gegengereizt hat und der Überruf der Eröffnungsfarbe auf der Zweierstufe noch möglich ist (siehe unten):

S

♠ A 7
♥ K 10 5 4 3
♦ D 7
♣ D 8 7 5

Süd	West	Nord	Ost
	1♣	1♦	1♠
X			

Die Stärke des Blattes würde es rechtfertigen, natürlich und konstruktiv, aber nicht forcierend, 2♥ zu reizen (8-12 F). Doch dafür ist die Coeur-Farbe nicht gut genug. Nord müsste unter Umständen mit einem Single in Coeur passen. Das Kontra kann nicht die einladende Hebung mit Karo-Fit bedeuten, denn dafür stünde das ökonomische 2♣ zur Verfügung.

S

♠ K 7 4
♥ K 7
♦ A 6 5
♣ B 7 5 4 3

Süd	West	Nord	Ost
	1♦	1♠	2♥ *
X			

*) Nonforcing

Das 2♥-Gebot verhindert das ökonomische Cue Bid mit 2 in Eröffnungsfarbe. Darum tritt hier das Kontra an die Stelle. Der 1.Gegenreizer soll von einem 3er-Fit, ab 11FV ausgehen. Bietet Nord nun 2♠, zeigt das Minimum und Süd passt.

➠ Cue Bid in einer der beiden Gegnerfarben:

Fall 1: Der 1.Gegenreizer hat auf der Einerstufe Farbe gereizt; Überruf Eröffnungsfarbe auf 2er-Stufe noch möglich:

Dieses Cue Bid wird bevorzugt mit Fit ab 11 FV benutzt (als wenn der 2.Gegner gepasst hätte).

♠ B 9 8
♥ K B 3
♦ A 10 8 6
♣ D 4 2

Süd	West	Nord	Ost
	1♣	1♥	1♠
2♣			

Fall 2: Alle übrigen Situationen:

Es gilt das allgemeine Prinzip: Wenn der Gegner 2 Farben zeigt, dann verspricht der Überruf einer dieser Farben Werte in dieser Farbe, entweder mit der Zielsetzung, Sans-Atout zu spielen, oder aber eventuell auch Partners Farbe zu spielen.

♠ A B 10
♥ D B 8
♦ 6 5 4
♣ K 9 6 5

Süd	West	Nord	Ost
	1♥	2♣	2♦
2♥			

(4) Der 2.Gegner bietet Sans-Atout

➠ Kontra: Strafkontra, gegen 1SA ab 11 F, maximal 3er-Länge in Partnerfarbe

Wie üblich gegen Sans-Atout ist das Kontra ein Strafkontra.

♠ K 10 7
♥ 8 5
♦ D B 10 4
♣ A D 4 3

Süd	West	Nord	Ost
	1♦	1♥	1SA
X			

➠ Überruf Eröffnungsfarbe: Zweifärber (5-5) in den Restfarben unter 11 F

Süd	West	Nord	Ost
	1♦	1♠	1SA
2♦			

N / W O / S

♠ 3 2
♥ D B 10 6 4
♦ 4
♣ K D 10 9 7

2.6. ERNEUTE FREIWILLIGE AKTION DES 1.GEGENREIZERS IN DER NÄCHSTEN BIETRUNDE

Situation:

Süd	West	Nord	Ost
			1♦
1♥	1♠	p	2♦
?			

Süd	West	Nord	Ost
			1♥
1♠	1SA	p	2♦
?			

Nach Passe des 2.Gegenreizers und positiver Aktion des Eröffners

Eine weitere freiwillige Aktion des 1.Gegenreizers nach Passe des Partners zeigt auf jeden Fall Zusatzstärke. Ein Blatt mindestens ab Eröffnungsstärke, häufig sogar mehr.

➠ Wiederholung der gereizten Farbe: 6er-Länge (auf 3er-Stufe tendenziell 7er), gute Eröffnungsstärke

Süd	West	Nord	Ost
			1♦
1♠	p	p	2♣
2♠			

N / W O / S

♠ K D 10 9 6 4
♥ A 6 5
♦ A 5
♣ 8 6

➠ neue Farbe: 5er-Länge, Eröffnungsstärke

♠ D B 9 7 6
♥ A 6
♦ K D B 9 6
♣ 5

Süd	West	Nord	Ost
			1♣
1♠	1SA	p	2♣
2♦			

➠ Kontra = Informationskontra, ab ca. 15 FL

♠ 5 3
♥ A D 8 6 4
♦ A 6
♣ K D 6 5

Süd	West	Nord	Ost
			1♦
1♥	p	p	1♠
X			

Wiederbelebung nach Passe des 2.Gegenreizers und des Eröffners

In der Wiederbelebungsposition ist die Mindeststärke für den 1.Gegenreizer etwas niedriger.

Erst recht dann, wenn der Gegner Fit gefunden hat und keinen Vollspielversuch unternimmt.

Süd	West	Nord	Ost
			1♥
2♣	2♥	p	p
?			

a)
♠ K 7 5
♥ 6
♦ B 10 5 2
♣ A K B 10 7
X

b)
♠ K 7 5 4
♥ 8 6
♦ 7
♣ A D B 9 7 6
2♠

c)
♠ K 7 5
♥ D B 5
♦ 6
♣ K B 7 6 4 2
Passe

d)
♠ 8 6
♥ 2
♦ K D 7 6
♣ A K B 9 6 4
2SA

a) Informationskontra. Spielbereitschaft für die Restfarben ist gegeben.

b) Trotz der mäßigen Stärke eine gute Chance, den Zweifärber offen zu legen.

c) Hätte die Treff-Farbe gute Mittelwerte, käme 3♣ in Betracht. Doch spricht auch die Coeur-Haltung gegen eine erneute Aktion.

d) 2SA kann nicht natürlich sein! Mit einem Blatt bis maximal 18 FL ist, nach Passe des Partners, ein natürliches 2SA unmöglich. 2SA ist also eine Form von „unusual"; in diesem Kontext ein 4er-Karo neben der bereits gezeigten längeren Treff-Farbe.

<u>Nach positiver Aktion sowohl des 2.Gegenreizers als auch des Eröffners</u>

Mit weniger als Eröffnungsstärke soll der 1.Gegenreizer keine weitere freiwillige Aktion tätigen - es sei denn, er hat Fit zu Partners Farbe. Ein Kontra hat auch in dieser Situation informatorischen Charakter.

Süd	West	Nord	Ost
			1♣
1♥	p	1♠	2♣
?			

a)	b)	c)
N / W O / S	N / W O / S	N / W O / S
♠ B 7 6	♠ B 9 6 4	♠ K 9 6
♥ A D B 7 5	♥ K D B 4 3	♥ A D 9 7 6
♦ 10 7	♦ D 6	♦ A B 5
♣ B 7 6	♣ 8 5	♣ 8 6
Passe	2♠	X

a) Mit weniger als Eröffnungsstärke gibt es keinen Anlass für eine erneute freiwillige Aktion. Beachte, dass 1♠ vom Partner nur 4er-Länge versprochen hat. Findet Partner ein Wiederbelebungskontra, wird man den 3er-Anschluss zeigen.

b) Den sicheren Fit auch mit Minimum direkt bestätigen.

c) Informationskontra. Verspricht Zusatzstärke, tendenziell 3er-Länge in Pik.

ZUSAMMENFASSUNG ZU KAPITEL I.

Die natürliche Farbgegenreizung verspricht
- auf der Einerstufe: 5er-Länge, 9-18 FL
- 2 über 1-Gegenreizung mit 2♣ oder 2♦: 6er-Länge oder sehr gute 5er-Länge, 11-18 FL.
- 2♥ über 1♠: 5er-Coeur, ab 13 F, oder 6er-Coeur ab 11 FL.
- Sprung-Gegenreizungen = Sperre

Antworten auf Einerstufen-Farbgegenreizung:
- Hebung auf Zweierstufe: 3 Trumpfkarten mit 6-10 FV (evtl. 11); evtl. auch 4 Trümpfe unausgeglichen 6-7 FV, mit ausgegl. Verteilung bis 9 F;
- Sprunghebung auf 3er-Stufe: 4 Trümpfe, 8-12 FV, nicht 4-3-3-3-verteilt;
- Sprunghebung auf 4er-Stufe: 5 Trümpfe, tendenziell unausgeglichen, ca. 8-14 FV; oder 4er-Länge sehr unausgeglichen, ca. 12-14 FV;

- Cue Bid in Gegnerfarbe: 3 Trümpfe, ab 11-12 FV;
  auch 4 Trümpfe, 4-3-3-3-verteilt ab 10 F;
  seltener ohne Fit:
  - mit einem Einfärber ab 13 F, der zu stark für einen nicht-forcierenden Farbwechsel ist;
  - mit einer starken Hand, ausgeglichen, ohne ausreichenden Stopper in Gegnerfarbe.
- Sprung-Cue Bid in Gegnerfarbe: 4 Trümpfe, ab 13 FV
- Sprung in neue Farbe: gute 5er-Länge in gereizter Farbe, 4 Trümpfe, ab 13 FV

- Farbwechsel auf Einerstufe: ab 4er-Länge, ab 8 F, rundenforcierend
- Farbwechsel auf Zweierstufe: 6er-Länge oder solide 5er-Länge, 8-12 F, nicht forcierend

- Sans-Atout-Gebote:

  1SA = 8-12 F, Stopper in Gegnerfarbe

  2SA = 13-14 F, ausgeglichen, ab 1,5 Stopper in Gegnerfarbe

  3SA = zum Spielen

Antworten auf 2♣/2♦-Gegenreizung:

- einfache Hebung auf 3er-Stufe: normalerweise mindestens 3 Trümpfe, 7-10 F;
- Sprunghebung auf 4er- oder 5er-Stufe: Sperrgebote, sehr guter Fit, unausgeglichene Verteilung, figurenpunktschwach;
- neue Farbe: auf Zweierstufe mit 5er-Länge, ab 8 F, rundenforcierend; 3♣ über 2♦, gute 5er, ab 12 F;
- Sans-Atout-Gebote:

  2SA = 10-12 F mit Stopper in Gegnerfarbe,

  3SA = 12+ F, Stopper in Gegnerfarbe;
- Überruf Gegnerfarbe: ab 11 F, entweder Suche nach Stopper und/oder nach 4-4-Fit in einer Oberfarbe.

Antworten auf 2♥-Gegenreizung:

- einfache Hebung: ab 3 Trümpfe, 7-10 FV;
- Sprunghebung ins Vollspiel: 3 Trümpfe, ab 13 FV, oder auch schwächer mit mindestens 4 Trümpfen und unausgeglichen;
- Cue Bid in Gegnerfarbe: mit Fit: mindestens 3 Trümpfe, ab 11 FV; oder ohne Fit: ab 11 F, kein anderes Gebot passt;
- Sans-Atout-Gebote:

  2SA = 10-12 F mit Stopper in Gegnerfarbe,

  3SA = 12+ F, Stopper in Gegnerfarbe;
- neue Farbe auf 3er-Stufe: gute 5er, ab 12 F, forcierend.

Antworten auf Sperr-Gegenreizung (im Sprung):

Es gelten alle Regeln wie nach den entsprechenden Sperreröffnungen.

Antworten, wenn der 2.Gegner ebenfalls ein Gebot abgegeben hat:

Die Regeln nach Pass des 2.Gegners gelten weitestgehend unverändert.

- Kontra = informatorisch, Fit möglich;

  Ausnahme: Kontra gegen Sans Atout = Strafkontra;
- Cue Bid in Gegnerfarbe: mind. 10 F bzw. 11 FV, ab 3er-Stufe mehr nötig;
  - Gegner hebt Eröffnungsfarbe: Cue Bid = guter Fit (4er auf 3er-Stufe);
  - Gegner neue Farbe: Cue Bid 2 in Eröffnungsfarbe nach Partners 1 in Farbe: meist Fit, ansonsten Werte in gereizter Farbe;
  - Gegner 1SA: Zweifärber in ungereizten Farben

Erneute freiwillige Aktion des 1.Gegenreizers in der nächsten Bietrunde

- Fit zu Partnerfarbe schnellstmöglich zeigen, auch mit Minimum;
- in der Wiederbelebung mit passender Verteilung ab knapper Eröffnung;
- ansonsten ab guter Eröffnungsstärke;
- Kontra ist informatorisch.

Übungen zu Kapitel I.

①

♠ 4 2
♥ A D 5
♦ K D 6 5
♣ B 9 6 5

Süd	West	Nord	Ost
	1♥	1♠	p
?			

②

♠ A 8 6 4
♥ D 6 4 2
♦ 6
♣ 8 6 4 2

Süd	West	Nord	Ost
	1♣	1♥	p
?			

③

♠ K 3
♥ D 9 5 2
♦ A D 3
♣ 8 6 5 3

Süd	West	Nord	Ost
	1♦	1♥	p
?			

④

♠ B 9 4
♥ A 7 5 4
♦ 8 6 5
♣ A D B

Süd	West	Nord	Ost
	1♦	1♠	2♦
?			

⑤

♠ A K 10 8 6
♥ B 8 7
♦ 7 2
♣ D 10 5

Süd	West	Nord	Ost
			1♣
1♠	p	2♦	p
?			

Lösungen:

① 1SA. Verspricht 8-12 F mit Coeur-Stopper. Der Partner hat keine Eröffnungsstärke versprochen, sondern ab 9 FL, eventuell sogar noch weniger (mit sehr unausgeglichener Hand, bzw. bei günstiger Gefahrenlage).

---

② 3♥. Das Blatt hat 10 FV. 3♥ zeigt 8-12 FV, 4er-Coeur, tendenziell unausgeglichen.

---

③ 3♦. 14 FV. Das Sprung-Cue Bid verspricht 4 Trümpfe in Partnerfarbe, ab 13 FV.

---

④ Kontra. Negativkontra, mit 3 Trümpfen und/oder für die Restfarben.
Antwortet der Partner 2♠ (zeigt auf jeden Fall unter Eröffnungsstärke), wird man passen.
Antwortet er 2♥ (Stärke bis Eröffnungsstärke möglich, aber nicht sicher), lädt man mit 3♥ ein.
Antwortet er 3♣, bietet man 3♠.

---

⑤ Passe. Partners 2♦ verspricht 8-12 F mit 6er oder guter 5er-Karo, nonforcing.
2SA würde Partner nun als Einladung zu 3SA verstehen und spätestens ab 11 F 3SA bieten.

Merke:
Nach einer Einerstufen-Gegenreizung:
Bietet der Partner nichtforcierend eine neue Farbe auf der Zweierstufe, muss man mit Händen unter Eröffnungsstärke und ohne Fit passen.

II. INFORMATIONSKONTRA IN 2.HAND

1. BEDEUTUNG DES INFORMATIONSKONTRAS

Situation:

Süd	West	Nord	Ost
			1♥
X			

Ein Informationskontra in 2.Hand zeigt:

- ab Eröffnungsstärke, mit Spielbereitschaft in den Restfarben, insbesondere Oberfarben,
- oder ab 19 FL mit beliebiger Verteilung

<u>Informationskontra mit 12 F bis 18 FL:</u>

- Informationskontra gegen Oberfarb-Eröffnung: im Prinzip 4er in anderer Oberfarbe

Süd	West	Nord	Ost
			1♠
?			

a) S	b) S	c) S
♠ 7 6	♠ 4	♠ 8 6 5
♥ A D 7 5	♥ A 7 4	♥ A 8 7
♦ K D 6 3	♦ K 9 7 6 4	♦ K B 8 6
♣ D 10 6	♣ A K B 6	♣ A B 6
X	X	Passe

a) Die typische Hand für ein Informationskontra.

b) Auch dieses Blatt ist ein Informationskontra wert, obwohl die Viererlänge in der anderen Oberfarbe fehlt. Immerhin ist die Kürze in Gegnerfarbe perfekt vorhanden, und die fehlende Coeur-Karte wird durch Zusatzstärke kompensiert.

Die Alternativen sind jedenfalls schlechter: Für 2♦ ist die Karo-Farbe von zu geringer Qualität. Passen mit so vielen F-Punkten und Kürze in Gegnerfarbe ist auch meist nicht gut.

Muss der Partner mit 4er-Coeur einen Coeur-Kontrakt spielen, ist der 4-3-Fit meist passabel spielbar. Falls der Gegner Pik angreift, ist das 4er-Trumpf geschützt, man kann von der 3er-Länge schnappen.

c) Hier spricht sowohl die fehlende vierte Coeur-Karte als auch fehlende Kürze in Gegnerfarbe gegen ein Informationskontra.

➠ Informationskontra gegen Unterfarb-Eröffnung: mindestens 4-3 in Oberfarben

Süd	West	Nord	Ost
			1♣
?			

a)	b)	c)
♠ K D 7 6	♠ A D 5	♠ A 9
♥ A B 6	♥ K 7 5	♥ A B 6 4
♦ D 10 7 5	♦ D B 6 5	♦ K 9 7 5 4
♣ 8 2	♣ D 5 4	♣ B 4
X	Passe	1♦

a) Die Anforderungen an ein Informationskontra sind erfüllt: Eröffnungsstärke, spielbereit für alle Farben, mindestens 4-3 in Oberfarben.

b) Zwar 14 F, aber die Verteilung ist für ein Informationskontra ungeeignet.

c) Mit 4-2 in Oberfarben keinesfalls ein Informationskontra abgeben. Mit 13 F (14 FL) ist es besser, das 5er-Karo trotz mäßiger Qualität zu reizen, als zu passen.

Mit guter Eröffnungsstärke ist es vertretbar, einmal ausnahmsweise eine sehr gute 4er-Oberfarbe zwischenzureizen. Dies ist jedenfalls besser, als mit 4-2 in Oberfarben ein Informationskontra abzugeben.

Informationskontra ab 19 FL

Ab 19 FL wird mit jeder Verteilung ein Informationskontra abgegeben. Eine Information über den Blatttyp folgt erst in der nächsten Bietrunde.

2. ANTWORTEN AUF INFORMATIONSKONTRA

2.1. GEGNER IN 3.HAND PASST

Erzwungene Antwort, weil der rechte Gegner passt

Süd	West	Nord	Ost
	1♦	X	p
?			

Süd muss reizen, selbst mit null Punkten. Wenn Süd passt, darf der Gegner 1♦ im Kontra spielen. Dies könnte sehr viel teurer werden, als in einem eigenen Kontrakt auf niedriger Stufe zu spielen.

Schwache Gebote = 0-7 F:

Farbgebote ohne Sprung

Süd	West	Nord	Ost
	1♦	X	p
?			

a)	b)	c)	d)
♠ D 6	♠ 9 7 5	♠ D 8 6 4	♠ B 9 7 6
♥ 9 7 5	♥ 7 5 4	♥ A 10 7 6	♥ D 4
♦ 6 5 2	♦ D 10 7 5	♦ 10 7 6	♦ 9 8
♣ B 8 6 5 2	♣ B 6 3	♣ 6 5	♣ K 9 7 6 4
2♣	1♥	1♠	1♠

a) Die Reizung auf der Zweierstufe zeigt keinerlei Zusatzstärke. 2♣ ist ein Farbgebot ohne Sprung, also ab 0 Punkten.

b) 1♥. Ein Notgebot! Für 1SA ist Süd viel zu schwach. In Ermangelung einer freien 4er-Farbe bietet der Antwortende seine nächste 3er-Farbe.

c) Normalerweise bietet man 4er-Farben ökonomisch, von unten nach oben. Mit 0 bis 4 F sollte Süd dies auch an dieser Stelle tun. Mit 5-7 F ist der Antwortende jedoch bereit, auf 2 in Unterfarbe vom Gegner in der nächsten Bietrunde auf der Zweierstufe seine zweite 4er-Oberfarbe zu zeigen. Für diesen Fall ist es ökonomisch, mit 1♠ zu beginnen, dann kann man 2♥ nachreizen. Hat der Informationskontrageber 4-3 in Oberfarben, findet man auf diese Weise immer den 4-4-Fit spätestens auf der Zweierstufe.

d) Die Oberfarbe hat Priorität, selbst dann, wenn die Unterfarbe länger und von besserer Qualität ist.

<u>Gebote der mittleren Stärkezone = 8-10 F:</u>

➠ Oberfarbe im Sprung: 4er-Länge

♠ A 7
♥ D B 7 5
♦ B 10 7 6
♣ B 5 4

Süd	West	Nord	Ost
	1♦	X	p
2♥			

➠ Doppelsprung auf 3 in Oberfarbe: 5er-Farbe

♠ K D 9 7 6
♥ 9 6 5
♦ K 10 6 4
♣ 6

Süd	West	Nord	Ost
	1♥	X	p
3♠			

➠ Sprung auf 3 in Unterfarbe: nur ab 5er-Länge

♠ B 6 2
♥ 7 5
♦ A 5 3
♣ K B 10 6 5

Süd	West	Nord	Ost
	1♠	X	p
3♣			

- 1 SA: Deckung in Gegnerfarbe, weniger als 4er-Länge in den freien Oberfarben

N
W O
S

♠ D B 7
♥ 7 6
♦ B 8 6 5
♣ A 10 7 6

Süd	West	Nord	Ost
	1♣	X	p
1SA			

- Überruf Eröffnungsfarbe: mit beiden Oberfarben mindestens zu viert

N
W O
S

♠ D 10 7 6
♥ K B 7 5
♦ 9 8 7
♣ D 10

Süd	West	Nord	Ost
	1♦	X	p
2♦			

Wenn der Partner 4-3 in Oberfarben hat, wird auf diese Weise der 4-4-Fit mit Sicherheit gefunden.

<u>Starke Gebote ab 11 F:</u>

- Sprung ins Vollspiel mit 5er-Oberfarbe

N
W O
S

♠ B 10 7
♥ A B 7 5 4
♦ D 6
♣ K B 4

Süd	West	Nord	Ost
	1♣	X	p
4♥			

- 2SA = 11-12 FL, ausgeglichen, mit Stopper in Gegnerfarbe
- 3SA = 13-15 FL, ausgeglichen, mit Stopper in Gegnerfarbe

- Überruf Eröffnungsfarbe:

  alle sonstigen Hände ab 11F, die anders nicht beschrieben werden können.

Süd	West	Nord	Ost
	1♦	X	p
2♦			

a)

♠ K B 8 5
♥ 8 6
♦ K D 7
♣ D 10 9 4

2♦

b)

♠ K 7 5
♥ A K 5
♦ 9 7 5
♣ D 6 5 4

2♦

c)

♠ 7
♥ A D 5
♦ 7 6 5
♣ A K 10 7 6 3

2♦

2.2. GEGNER IN 3.HAND PASST NICHT

Freiwillige Antwort, weil der rechte Gegner nicht passt

Der 2.Gegenreizer ist nach einer positiven Ansage seines rechten Gegners von der Verpflichtung entbunden, auch mit einem ganz schwachen Blatt reizen zu müssen.

Andererseits ist im Kampf um einen Teilkontrakt Aktivität durchaus wünschenswert, wenn sehr gute Aussichten auf einen Fit bestehen.

2.2.1. NACH FARBWECHSEL DES GEGNERS IN 3.HAND

Der Gegner in 3.Hand reizt nach Partners Informationskontra eine neue Farbe.

Süd	West	Nord	Ost
	1♥	X	1♠
?			

➠ Kontra: Strafkontra, ab ca. 6 F, 4er

♠ K B 7 6
♥ 7 6
♦ D 10 7 5 4
♣ 6 5

Süd kontriert, um dem Partner zu zeigen, dass er ein 4er-Pik hat, schließlich hat der Partner mittels seines Informationskontras danach gefragt. Nun ist der Pik-Kontrakt für die Kontrapartei noch möglich. Vielleicht gegen einen 4-1-Stand der Trümpfe, vielleicht hat Ost sogar nur geblufft, wahrscheinlich dann mit gutem Coeur-Fit.

➠ Neue Farbe ohne Sprung: 5 FL - 7 F
auf 2er-Stufe auch bis 8 F

♠ 7 6
♥ 9 7 5
♦ D B 7 5 4
♣ B 10 6

Süd bietet 2♦ im Kampf um den Teilkontrakt. Partner hat Spielbereitschaft für die Restfarben annonciert!

➠ Überruf 2.Farbe: partieforcierend

♠ A 7
♥ D 10 6
♦ A D 7 6
♣ D 7 6 3

Süd bietet 2♠, um volle eigene Eröffnungsstärke zu verkünden. Ein Stehenbleiben unterhalb von Vollspiel ist nun nicht mehr möglich. Dafür ist der Überruf der Eröffnungsfarbe nun schon ab guten 9 F möglich.

- alle anderen Gebote unverändert: als wenn Gegner in 3.Hand gepasst hätte.

  Achtung: Sans-Atout-Gebote versprechen nur Stopper in der Eröffnungsfarbe, nicht in der Farbe des Gegners in 3.Hand. Diese Farbe hat der Informationskontra-Geber durch sein Kontra im Prinzip versprochen.

2.2.2. NACH 1 SA DES GEGNERS IN 3.HAND

Auf Partners Informationskontra bietet der Gegner 1SA.

- Kontra: Strafkontra, im Prinzp alle Hände ab ca. 9 F

♠ K D 7
♥ A 8 6 5
♦ 10 8 7 6
♣ 8 4

Süd	West	Nord	Ost
	1♦	X	1SA
X			

Häufig reizt nun einer der Gegner 2 in Farbe, hier 2♣ oder 2♦. Der Partner weiß nun, wir sind die stärkere Partei.

- Neue Farbe: 5 FL bis 8 F

♠ K 10 6 5 2
♥ B 6
♦ 9 7
♣ 8 6 4 3

Süd	West	Nord	Ost
	1♣	X	1SA
2♠			

Mutig auf der 2er-Stufe reizen, wenn der Fit sicher ist.

➡ Überruf Eröffnungsfarbe (UF):
gleichlang in Oberfarben, 5 FL – 8 F

♠ B 8 6 5
♥ D 5 3 2
♦ 6 3
♣ K 6 4

Süd	West	Nord	Ost
	1♦	X	1SA
2♦			

Da man ab 9 F Kontra sagt, steht der Überruf der Eröffnungsfarbe komfortabel zur Verfügung, um sicher die Fitfarbe zu erwischen.

➡ Überruf Eröffnungsfarbe (OF):
gleichlang in Unterfarben, 5 FL – 8 F

♠ 9 6 3
♥ D 7
♦ D B 10 6
♣ B 9 7 6

Süd	West	Nord	Ost
	1♠	X	1SA
2♠			

Selbst dieser teure Überruf macht Sinn. Man findet nun sicher den besseren Unterfarbfit. Würde man passen, oder eine Unterfarbe auf der Zweierstufe reizen, ist die Wahrscheinlichkeit hoch, dass der Eröffner seine Pik-Farbe wiederholt, um 6er-Länge zu zeigen.

Denn Nord und Ost haben beide durch ihre Ansagen im Prinzip gesagt, weniger als 3 Pik-Karten zu haben. Haben beide genau 2 Karten in Pik, besitzt der Eröffner 6er-Pik.

2.2.3. NACH REKONTRA DES GEGNERS IN 3.HAND

Rekontriert der Gegner in 3.Hand, lautet das Hauptziel:

Spielbaren Kontrakt auf möglichst niedriger Stufe finden!

- mit einer schwachen Hand auf Unterfarb-Eröffnung:
  - mit einer 4er-Oberfarbe: diese reizen, ab 0 F
  - mit zwei 4er-Oberfarben: passen, Partner soll seine erste 4er-Farbe nennen!
  - mit 5er-Karo auf 1♣: 1♦, ab 0 F
  - ansonsten passen; Partner die Farbe wählen lassen

Süd	West	Nord	Ost
	1♣	X	XX
?			

a)	b)	c)	d)
♠ 10 9 6 5	♠ D 8 6 4	♠ 6	♠ D 8 6
♥ B 5	♥ B 6 5 4	♥ 8 6 5	♥ K 6 4
♦ 9 7 6	♦ 7 5	♦ 9 7 6 4 2	♦ B 9 7 3
♣ 9 7 6 5	♣ 9 8 7	♣ 7 5 4 3	♣ 7 5 4
1♠	passe	1♦	passe

a) Eine klare Präferenz für die Pik-Farbe, ab null Punkten.

b) Nun kann der Partner aussuchen. Versucht er zunächst 1♦, reizt man in der nächsten Bietrunde 1♥. Da man nicht sogleich 1♥ geboten hat, geht Partner von gleicher Oberfarblänge aus.

c) Partner weiß nun, dass er auch mit 3er-Karo einen Fit hat.

d) Partner wird seine 4er-Farben ökonomisch reizen. Hat er ein 4er-Karo, wird er mit Karo beginnen und der Fit ist gefunden.

- mit einer schwachen Hand auf Oberfarb-Eröffnung:
  - mit 4er-Pik auf 1♥: 1♠, ab 0 F
  - auf 2er-Stufe nur 5er-Farbe bieten, ab 0 F
  - ansonsten passen; Partner die Farbe wählen lassen; evtl. mit 4er-Coeur auf 2♥ ausbessern

- Sprunggebote, Überruf: unveränderte Bedeutung

  Spielt man Sprunggebote auch nach Rekontra als stark, deckt man damit mühelos und unmissverständlich auf, dass einer der Gegner geblufft hat. (Vielfach ist es üblich, nach Rekontra Sprunggebote als Sperrgebote zu spielen. Dies ist Vereinbarungssache mit dem Partner.)

2.2.4. NACH UNTERSTÜTZUNGSGEBOT DES GEGNERS IN 3.HAND

Der rechte Gegner hebt die Eröffnungsfarbe.

Süd	West	Nord	Ost
	1♦	X	2♦
?			

- Farbe reizen

Bei hoher Wahrscheinlichkeit eines eigenen Fits:

Mutig auch eine Stufe höher reizen, als es der Stärke entspricht! (im Zweifelsfall: Gefahrenlage beachten!)

Keiner in Gefahr

	N	
W		O
	S	

♠ D B 9 7
♥ 8 7 3
♦ K 6 5 4
♣ 7 3

Süd	West	Nord	Ost
	1♥	X	3♥ *
3♠			

*) schwache Hebung mit 4 Atouts

Beide Parteien sind wahrscheinlich ungefähr gleich stark.

Es ist gut möglich, dass entweder 3♥ oder 3♠ erfüllbar ist und der andere Kontrakt einmal fällt. In beiden Fällen ist es gut, noch 3♠ zu bieten.

Wichtig ist, dass der Partner versteht, dass man nicht in 3♠ gesprungen ist, sondern gewissermaßen gezwungen eine Stufe höher gereizt hat.

- Überruf der Gegnerfarbe = forcierend zum Vollspiel

Wenn Gegner Unterfarbe reizt, mit mindestens einer Oberfarbe zu viert.

N
W O
S

♠ D B 7 2
♥ A D
♦ 6 5 4
♣ A 9 7 5

Süd	West	Nord	Ost
	1♦	X	2♦
3♦			

- Kontra = Responsive Kontra (bis 4♦)

Ein Kontra des 2.Gegenreizers nach einem Informationskontra des 1.Gegenreizers nennt man Responsive Kontra.

Süd	West	Nord	Ost
	1♥	X	2♥
X			

Was verspricht das Responsive Kontra?

Wenn Gegners Fitfarbe eine Oberfarbe ist: Kontra = responsive (bis gegen 3♠), verspricht beide Unterfarben (im Prinzip)

N
W O
S

♠ 6 5 2
♥ A 5
♦ D B 9 8
♣ A 6 5 4

Süd	West	Nord	Ost
	1♠	X	3♠
X			

Wenn Gegners Fitfarbe eine Unterfarbe ist: Kontra = responsive (bis gegen 4♦), verspricht beide Oberfarben (im Prinzip)

N
W O
S

♠ D B 6 5
♥ B 8 5 3
♦ A 4
♣ 9 6 3

Süd	West	Nord	Ost
	1♣	X	3♣
X			

Notwendige Stärke für ein Responsive-Kontra:

- Partner kann evtl. noch auf 2er-Stufe bieten ab ca. 6-7 FV
- Partner muss mindestens auf 3er-Stufe bieten ab ca. 8-9 FV
- Partner muss mindestens auf 4er-Stufe bieten ab ca. 11 FV

(Man kann in FV rechnen, weil der Partner durch sein Informationskontra mindestens eine der beiden Farben mit 4er-Länge versprochen hat. Mittels des Responsive Kontras wird dieser Fit sicher aufgespürt.)

N / W O / S

♠ B 5
♥ B 7 4
♦ A 10 6 2
♣ D B 5 4

Süd	West	Nord	Ost
	1♠	X	3♠
p			

Da der Partner auf der 4er-Stufe bieten muss, ist das Blatt geringfügig zu schwach für ein Responsive-Kontra.

Das Responsive Kontra kann außerdem helfen, bei knappem Bietraum eine einladende Reizung von einer kompetitiven (Kampf um den Teilkontrakt) zu unterscheiden:

Süd	West	Nord	Ost
	1♠	X	2♠
?			

a) N / W O / S

♠ 10 7 5
♥ A 8 6 5
♦ 6 5
♣ K 10 7 5

3♥

b) N / W O / S

♠ 8 7 5
♥ A 8 6 5
♦ 6 5
♣ A D 7 5

X

a) Der Partner versteht, dass die 3♥ heißen: Ohne das 2♠ des Gegners hätte man wohl nur 2♥ geboten.

b) Auf dieses Responsive Kontra wird Nord zunächst seine bessere Unterfarbe bieten: meist auf der Dreierstufe, nämlich mit normal bis guter Eröffnungsstärke; mit einer etwas stärkeren Hand auf der Viererstufe, vielleicht aber auch zunächst die Gegnerfarbe überrufen. Auf 3♣ oder 3♦ wird Süd dann 3♥ bieten: echte Vollspieleinladung für Coeur.

3. DAS WIEDERGEBOT DES KONTRIERENDEN

3.1. PARTNER HAT SCHWACH GEANTWORTET ODER GEPASST

Der Partner hat auf ein Informationskontra eine Farbe ohne Sprung gereizt und damit 0-7 F gezeigt. Oder, falls der Gegner in 3.Hand gereizt hat, er hat aus Schwäche gepasst.

- freiwillige Hebung:
  - auf Zweierstufe: 17-19 FV
  - auf Dreierstufe: 20-22 FV
  - ins Oberfarbvollspiel: ab 23 FV, 5er

Süd	West	Nord	Ost
			1♦
X	p	1♠	p
?			

a)	b)	c)	d)
♠ AD76	♠ AD76	♠ AD76	♠ ADB62
♥ KD75	♥ KD75	♥ KD75	♥ KD7
♦ K4	♦ K4	♦ K4	♦ K4
♣ 753	♣ DB7	♣ AD6	♣ AK6
passe	2♠	3♠	4♠

- kompetitive Hebung:

  Reizt der Eröffner auf Partners schwache Antwort, dann hebt der 1.Gegenreizer auch mit etwas schwächeren Händen - im Kampf um den Teilkontrakt.

  Würde Ost in dem obigen Beispiel zum Beispiel auf 1♠ von Nord 2♣ bieten, ist es durchaus richtig, mit dem Südblatt a) 2♠ zu reizen.

- neue Farbe:
  - ohne Sprung: 19-20 FL, mindestens 5er
  - im Sprung: 20-23 FL, mindestens 6er

- Sans-Atout:
  - 1SA (oder 2SA ohne Sprung): 19-20 FL, ausgeglichen, Stopper in Gegnerfarbe
  - 2SA (im Sprung): 21-22 FL, ausgeglichen, Stopper in Gegnerfarbe

- Überruf Gegnerfarbe: einziges forcierendes Gebot!

  Mindestens 20 F, z.B. ab 23 FV mit 4 Trümpfen zur Partnerfarbe.

Süd	West	Nord	Ost
			1♦
X	p	1♥	p
2♦			

a) N / W O / S

♠ A K 10 7 4
♥ D 5
♦ A 6
♣ A K B 6

b) N / W O / S

♠ A K D 4
♥ A D 5 4
♦ A 6
♣ D B 6

a) Süd ist zu punktstark, um mit 22 FL nun 1♠ zu bieten. Dies würde lediglich 19-20 FL versprechen. Andererseits fehlt ihm die sechste Pik-Karte, um in Pik zu springen. Nach dem zwischengeschalteten Cue Bid wird Süd in der nächsten Bietrunde Pik reizen.

b) Süd weiß, dass es schwache Hände gibt, mit denen der Partner auch einmal mit 3er-Coeur 1♥ bieten muss. Selbst wenn Partner 4er-Coeur, aber 0 Punkte hat, wird 4♥ zu hoch sein.

Wie reagiert der schwache Antwortende auf das Cue Bid des Partners?

- 0-3 F: gereizte Farbe wiederholen (selbst mit Dreierlänge!)
- 4-7 F: Blatt beschreiben.

Süd	West	Nord	Ost
	1♣	X	p
1♥	p	2♣	p
?			

a)	b)	c)	d)
N W O S	N W O S	N W O S	N W O S
♠ B 7 6	♠ D 6	♠ 7 2	♠ K 2
♥ 8 6 4 3	♥ D 5 4 2	♥ D 9 7 5 3	♥ K 7 5 4
♦ B 8 6 4	♦ 6 5 3	♦ 7 6	♦ B 6 4 3
♣ 7 6	♣ D 10 8 5	♣ K 10 6 5	♣ 9 8 7
2♥	3SA	3♥	2♦

a) Süd darf nicht 2♦ bieten, das Reizen einer neuen Farbe würde ab 4 F versprechen.

b) Mit gutem Treff-Stopper und annähernd Maximum beschreibt Süd perfekt sein Blatt. Mit 4 F und Treff-Stopper würde Süd 2SA bieten.

c) Der Sprung verspricht 4-7 F und 5er-Coeur.

d) Süd zeigt seine 2.Farbe und verspricht damit gleichzeitig 4-7 F.

- erneutes Kontra: zeigt auf jeden Fall Zusatzstärke
  - falls Partner gepasst hat: Informationskontra bis zur Dreierstufe; oberhalb der Dreierstufe optional

N
W O
S

♠ K D 8 5
♥ 5
♦ A K 6 5
♣ A B 7 5

Süd	West	Nord	Ost
			1♥
X	3♥	p	p
X			

Allgemeiner Grundsatz:

Reizt der Gegner Fit, ist ein anschließendes Kontra nie Strafkontra, sondern zeigt Zusatzstärke.

➠ falls Partner gereizt hat: keine 4er-Unterstützung zu Partnerfarbe, meist aber 3er

Süd	West	Nord	Ost
1♣	X	p	1♠
2♣	X	3♣	3♠
p	4♠		

♠ A 7 3
♥ A K 6 5
♦ A K 4 3
♣ 8 6

N
W O
S

♠ D B 9 7 5
♥ 6 5
♦ D 7 5
♣ B 10 2

3.2. PARTNER HAT POSITIV GEANTWORTET

Partner hat freiwillig gereizt, oder ist in eine neue Farbe gesprungen (8-10 F), oder er hat die Gegnerfarbe überrufen (ab 11 F).

Nun folgt die Reizung allgemeinen Grundsätzen. Hier zwei Beispiele:

Süd	West	Nord	Ost
1♥	X	p	2♠
p	3♠	p	p
p			

♠ K B 6 5
♥ 6 2
♦ A D 7 5
♣ K D 10

N
W O
S

♠ A 9 7 4
♥ D B 5 4
♦ B 8 4
♣ 8 3

West lädt nochmals ein. Immerhin hat er 16 FV und vermutlich gut sitzende Figuren hinter dem Eröffner. Ost verfügt jedoch nur über Minimum mit wahrscheinlich nicht allzu hilfreichen kleinen Coeur-Figuren und lehnt die Einladung ab.

Süd	West	Nord	Ost
1♣	X	p	2♣
p	2♥	p	3♥
p	4♥		

♠ K 6 4
♥ A D 5 2
♦ A K B 5
♣ 6 5

N
W O
S

♠ D B 8 2
♥ K 10 7 6
♦ 6 2
♣ D 7 3

Ost hat 4-4 in Oberfarben und beginnt daher mit dem Überruf der Eröffnungsfarbe.

West muss mit seinen 17 F nun nicht springen, denn Partners Cue Bid in Gegnerfarbe ist selbstforcierend! West reizt daher ökonomisch seine erste Farbe.

Osts 3♥ bestätigt den Fit und zeigt ein Blatt im Bereich 9-11 FV.

Darauf dürfte der Informationskontrageber passen, wenn er nicht stark genug für Vollspiel ist.

ZUSAMMENFASSUNG ZU KAPITEL II.

Ein Informationskontra in 2.Hand zeigt:

- ab Eröffnungsstärke, mit Spielbereitschaft in den Restfarben, insbesondere Oberfarben,
- oder ab 19 FL mit beliebiger Verteilung.

Antworten auf Informationskontra - der Gegner in 3.Hand passt:

- Schwache Gebote = 0-7 F:
  - Farbgebote ohne Sprung
- Gebote der mittleren Stärkezone = 8-10 F:
  - Oberfarbe im Sprung: 4er-Länge
  - Doppelsprung auf 3 in Oberfarbe: 5er-Farbe
  - Sprung auf 3 in Unterfarbe: nur ab 5er-Länge
  - 1 SA: Deckung in Gegnerfarbe, weniger als 4er-Länge in den freien Oberfarben
  - Überruf Eröffnungsfarbe: mit beiden Oberfarben mindestens zu viert
- Starke Gebote = ab 11 F:
  - Sprung ins Vollspiel mit 5er-Oberfarbe
  - 2 SA = 11-12 FL, ausgeglichen, mit Stopper in Gegnerfarbe
  - 3SA = 13-15 FL, ausgeglichen, mit Stopper in Gegnerfarbe
  - Überruf Eröffnungsfarbe

Antworten auf Informationskontra - der Gegner in 3.Hand passt nicht:

- Gegner bietet neue Farbe:
  - Kontra = Strafkontra, ab 6 F mit 4er-Länge
  - Überruf 2.Farbe = partieforcierend
- Gegner bietet 1SA:
  - Kontra = Strafkontra, ab 9 F
  - Neue Farbe = 5 FL bis 8 F
  - Überruf Eröffnungsfarbe (UF): gleichlang in Oberfarben, 5 FL – 8 F
  - Überruf Eröffnungsfarbe (OF): gleichlang in Unterfarben, 5 FL – 8 F
- Gegner rekontriert:

  Mit einer schwachen Hand <u>auf Unterfarb-Eröffnung:</u>
  - mit einer 4er-Oberfarbe: diese reizen, ab 0 F
  - mit zwei 4er-Oberfarben: passen, Partner soll seine erste 4er-Farbe nennen!
  - mit 5er-Karo auf 1♣: 1♦, ab 0 F
  - ansonsten passen; Partner die Farbe wählen lassen

  Mit einer schwachen Hand <u>auf Oberfarb-Eröffnung:</u>
  - mit 4er-Pik auf 1♥: 1♠, ab 0 F
  - auf 2er-Stufe nur 5er-Farbe bieten, ab 0 F
  - ansonsten passen; Partner die Farbe wählen lassen; evtl. mit 4er-Coeur auf 2♥ ausbessern
- Gegner in 3.Hand hebt Eröffnungsfarbe:
  - Farbe reizen, auch eine Stufe höher, als es eigentlich der Stärke entspricht
  - Überruf der Gegnerfarbe = forcierend zum Vollspiel
  - Kontra = Responsive Kontra (bis 4♦)

Das Wiedergebot des Kontrierenden - Partner hat schwach geantwortet oder gepasst:

- freiwillige Hebung:
  - auf Zweierstufe: 17-19 FV
  - auf Dreierstufe: 20-22 FV
  - ins Oberfarbvollspiel: ab 23 FV, 5er
- kompetitive Hebung: auch etwas schwächer
- neue Farbe:
  - ohne Sprung: 19-20 FL, mindestens 5er
  - im Sprung: 20-23 FL, mindestens 6er
- Sans-Atout:
  - 1SA (oder 2SA ohne Sprung): 19-20 FL, ausgeglichen, Stopper in Gegnerfarbe
  - 2SA (im Sprung): 21-22 FL, ausgeglichen, Stopper in Gegnerfarbe
- Überruf Gegnerfarbe: einziges forcierendes Gebot! Mindestens 20 F
- erneutes Kontra: zeigt auf jeden Fall Zusatzstärke
  - falls Partner gepasst hat: Informationskontra bis zur 3er-Stufe; oberhalb optional
  - falls Partner gereizt hat: keine 4er-Unterstützung zu Partnerfarbe, meist aber 3er

Das Wiedergebot des Kontrierenden - Partner hat positiv geboten:

- die Reizung folgt allgemeinen Grundsätzen;
- der Überruf der Gegnerfarbe durch den Antwortenden ist selbstforcierend, darauf kann der Eröffner auch mit starken Händen ökonomisch reizen.

Übungen zu Kapitel II.

①

N
W O
S

♠ A 9 7 4
♥ K D
♦ K 7 5
♣ D 10 8 7

Süd	West	Nord	Ost
			1♦
?			

②

N
W O
S

♠ D 7
♥ D B 8 6
♦ B 6 5
♣ 9 7 6 5

Süd	West	Nord	Ost
	1♣	X	1♠
?			

③

N
W O
S

♠ A 7 6
♥ 7 2
♦ B 8 6 2
♣ D B 10 4

Süd	West	Nord	Ost
	1♣	X	1♥
?			

④

N
W O
S

♠ K D 9 7
♥ K 10 8
♦ K 6
♣ D 9 8 3

Süd	West	Nord	Ost
			1♦
X	p	2♥	p
?			

⑤

N
W O
S

♠ 7 4
♥ 7 5 4 3
♦ B 10 6 5 2
♣ 6 5

Süd	West	Nord	Ost
	1♦	X	XX
?			

Lösungen:

① Passe. Weder für eine Farbreizung, noch für ein Informationskontra geeignet. Für ein Informationskontra muss man in den Oberfarben spielbereit sein, also mindestens 4-3 in Oberfarben besitzen.

---

② 2♥. Ohne Gegners 1♠ hätte man sich mit 1♥ begnügt. Doch 6 F sind vollkommen ausreichend, um nach Partners Informationskontra eine Oberfarbe ohne Sprung auf der Zweierstufe zu bieten. Denn Partners Kontra impliziert den Fit in jeder Oberfarbe. Es handelt sich also um eine ganz andere Situation, als wenn Partner 1♦ eröffnet und der Gegner 1♠ zwischenreizt. Darum spielt man nach Partners Informationskontra auch kein Negativkontra. Hätte Süd ein 4er-Pik statt eines 4er-Coeurs, wäre folgende Denkweise richtig: Partner verspricht die Oberfarben und will hören, ob ich in einer Oberfarbe 4er-Länge habe. Jetzt will der Gegner mir mit dem 1♠-Gebot diese Oberfarbe wegnehmen. Ich muss meinem Partner zeigen, dass ich in dieser Farbe mindestens 4er-Länge besitze: Kontra = Positivkontra = ich habe diese Farbe, nach der Du, lieber Partner, mich gefragt hast.

---

③ 1SA. 2♦ wäre zwar nicht ganz falsch. Aber warum mit der schlechten 4er-Farbe einen 4-3-Fit in Unterfarbe riskieren, wenn man die Eröffnungsfarbe so massiv stoppt? Außerdem passen sowohl Stärke als auch Verteilung perfekt für 1SA. Um den Coeur-Stopper muss man sich keine Sorgen machen. Der Partner hat durch sein Informationskontra die Oberfarben und damit auch die Coeur-Farbe versprochen.

---

④ Passe. Partner verspricht 8-10 F und 4er-Coeur. Es gibt keinen Ausweg! Der Partner muss den Coeur-Kontrakt im 4-3-Fit spielen. 2SA würde jetzt ab 19 FL versprechen; 2♠ 5er-Pik 19-20 FL.

---

⑤ 1♥. Hat man nach Gegners Rekontra genau eine 4er-Oberfarbe, dann soll man nicht zögern, diese auf der Einerstufe zu zeigen. Zu passen wäre sehr kurzsichtig: Erstens: 1♦ im Rekontra würde der Gegner höchstwahrscheinlich auch gegen das 5er-Karo erfüllen. Zweitens: Der Partner würde nicht passen, denn nach Rekontra ist das Passe kein Strafpass.
Die Gefahr ist vielmehr groß, dass Nord 4er-Pik und 3er-Coeur hat und 1♠ bietet. Dann hat man den besten Kontrakt verpasst.

Merke:
Nach Gegners Rekontra gibt es kein Strafpass! Die Reizregeln einschließlich der Bedeutung des Passens konzentrieren sich auf das eine Ziel, möglichst niedrig den besten spielbaren Kontrakt zu finden.

Übungen zu Kapitel II.

⑥

N
W O
S

♠ B 9 7 6
♥ 8 6
♦ K D 7 6
♣ 10 9 6

Süd	West	Nord	Ost
	1♥	X	p
1♠	p	1SA	p
?			

⑦

N
W O
S

♠ 2
♥ D 9 7 6 4
♦ 8 6 5 4
♣ B 10 5

Süd	West	Nord	Ost
	1♦	X	p
1♥	p	3♥	p
?			

⑧

N
W O
S

♠ K B 10 6
♥ A K 2
♦ 6
♣ A 8 6 5 4

Süd	West	Nord	Ost
			1♦
X	3♦	X	p
?			

⑨

N
W O
S

♠ D 9 7 6
♥ K 6 5
♦ B 10 7
♣ 7 5 3

Süd	West	Nord	Ost
	1♣	X	p
1♠	p	2♣	p
?			

⑩

N
W O
S

♠ K D 8 2
♥ A B 7
♦ A K 4 3
♣ 9 7

Süd	West	Nord	Ost
			1♣
X	p	1♥	2♣
?			

Lösungen:

⑥ 3SA. Der Partner verspricht 19-20 FL mit Coeur-Stopper. Gemeinsame 25-26 FL sind genug, um 3SA zu bieten.

---

⑦ 4♥. 7 FV. Der starke Partner verspricht 20-22 FV mit 4er-Coeur. Die eigenen kleinen Schönheiten, nämlich das 5er-Coeur und das Single Pik können eine große Hilfe in 4♥ sein.

---

⑧ 4♠. 18 FV. Partners Responsive Kontra verspricht beide Oberfarben, ab 8-9 FV. Genug also, um Oberfarbvollspiel zu versuchen.

---

⑨ 3♣. Partners Cue Bid verspricht ab 20 F und fordert zur weiteren Blattbeschreibung auf.
Das 1♠-Gebot hat 0-7 F mit 4er-Pik versprochen. Mit 6 F liegt Süd also im Maximumbereich (4-7). Jedoch bietet die Hand ansonsten kein positiv beschreibbares Charakteristikum: weder ein 5er-Pik, noch eine zweite 4er-Farbe, noch Stopper in Gegnerfarbe. Als einziger Ausweg bleibt der erneute Überruf der Gegnerfarbe, um wenigstens Maximum durchzugeben.

---

⑩ Kontra. Das erneute Kontra beschreibt das Blatt ideal: Zusatzstärke, aber nur 3er-Coeur.

Merke:
Reizt der Gegner Fit, ist ein Kontra unterhalb von Vollspiel niemals ein Strafkontra. Es zeigt im bisherigen Bietverlauf noch nicht offengelegte Zusatzstärke.

III. 1SA IN 2.HAND

1. REIZUNG MIT SA-VERTEILTEN HÄNDEN IN DER GEGENREIZUNG

Was tun mit SA-verteilten Händen ab Eröffnungsstärke, nachdem der Gegner eröffnet hat?

12-15 FL	Passen, es sei denn, es ist ein Informationskontra möglich (siehe Kapitel II).
16-18 FL	1 SA, nötig ist jedoch ein Stopper in Gegnerfarbe; gegen Oberfarb-Eröffnung sollte 1SA mindestens 1,5 Stopper haben. Bei ausreichender Spielbereitschaft für die Restfarben, alternativ Info-Kontra.
19-20 FL	Zuerst Informationskontra, anschließend mit Stopper und ohne gesicherten Oberfarbfit: Sans Atout ohne Sprung bieten.
21-22 FL	Zuerst Informationskontra, anschließend mit Stopper und ohne gesicherten Oberfarbfit: Sans Atout im Sprung bieten.

Süd	West	Nord	Ost
			1♦
?			

a)	b)	c)	d)
N / W O / S	N / W O / S	N / W O / S	N / W O / S
♠ A D	♠ K 9 7 2	♠ K D 9 6	♠ A 6
♥ K 9 7 5	♥ A 10 7	♥ A D 6 5	♥ K D 9
♦ D 7 6	♦ K D 7	♦ A D	♦ K D 8 7
♣ K 10 6 5	♣ A B 4	♣ 10 7 5	♣ A D 3 2
Passe	1SA	X	X

a) Mit Double Pik und 14 F wäre ein Informationskontra falsch. Für 1SA fehlen 2 Punkte.

b) Stärke, Verteilung, doppelter Karo-Stopper: alles passt für 1SA - trotz 4-3 in Oberfarben.

c) Auch hier ist sowohl die passende Stärke als auch der gute Stopper in Karo gegeben. Dennoch ist Kontra zu favorisieren. Die Verteilung mit relativer Kürze in Gegnerfarbe und 4-4 in Oberfarben spricht für Informationskontra.

d) Zu stark für ein direktes 1SA. In der nächsten Bietrunde folgt ein SA-Gebot ohne Sprung, um die 19-20 FL anzuzeigen.

2. ANTWORTEN AUF 1SA UND FOLGEREIZUNG

2.1. DER GEGNER IN 3.HAND PASST

Es ist zu unterscheiden, ob der Gegner in Unterfarbe, oder in Oberfarbe eröffnet hat.

Nach einer Unterfarberöffnung

Grundsätzlich gilt: Weiterreizung wie nach eigener 1SA-Eröffnung!

Also:	2♣	= Stayman (Frage nach 4er-Oberfarben)
	2♦	= Transfer auf Coeur (verspricht 5er-Coeur)
	2♥	= Transfer auf Pik
	2♠	= Transfer auf Treff
	2SA	= Einladung zu 3SA
	3♣	= Transfer auf Karo
	3♦	= einladend mit Einfärber in Karo
	3♥	= Einfärber in Coeur, Schlemminteresse
	3♠	= Einfärber in Pik, Schlemminteresse
	3SA	= zum Spielen

Der 1SA-Reizer antwortet so, als wenn er selbst 1SA eröffnet hätte.

Süd	West	Nord	Ost
			1♦
1SA	p	2♣	p
?			

a)	b)	c)
N W O S	N W O S	N W O S
♠ K B 2	♠ K B 7 6	♠ K D 8 7
♥ A 7 5	♥ A 8	♥ A 9 6 2
♦ K B 4	♦ K 10 5 2	♦ A K 3
♣ A 10 9 2	♣ A D 5	♣ 4 3
2♦	2♠	2SA

Nach einer Oberfarberöffnung

Grundsätzlich besteht die Möglichkeit, auch nach 1SA auf Gegners Oberfarberöffnung die Weitereizung so zu spielen, wie nach eigener 1SA-Eröffnung. Man hat dann allerdings ein Gebot, das sinnlos ist und daher nicht benötigt wird: den Transfer in Gegners eröffneter Oberfarbe.

Darum hat man in FORUM D PLUS gemäß dem französischen Vorbild Konventionen für die Folgereizung geschaffen, die den verfügbaren Bietraum optimal mit sinnvollen Geboten ausnutzen:

- der „unmögliche" Transfer in Gegners eröffneter Oberfarbe übernimmt die Frage nach 4er-Länge in der anderen Oberfarbe (Stayman),
- das freigewordene 2♣-Gebot übernimmt den Transfer auf Karo,
- 3♣ und 3♦ werden nicht mehr benötigt.

Süd	West	Nord	Ost	
1♠	1SA	p	2♣	= Transfer für Karo
1♠	1SA	p	2♦	= Transfer für Coeur
1♠	1SA	p	2♥	= „unmöglicher" Transfer = Stayman = Frage nach 4er-Coeur
1♠	1SA	p	2♠	= Transfer für Treff
1♠	1SA	p	2SA	= natürlich

Die Antworten auf Stayman mit 2♥:

Süd	West	Nord	Ost
			1♠
1SA	p	2♥	p
?			

2♠ = kein 4er-Coeur
3♥ = 4er-Coeur, Minimum
4♥ = 4er-Coeur, Maximum

Nach Coeur-Eröffnung und 2♦-Stayman:

Süd	West	Nord	Ost
			1♥
1SA	p	2♦	p
?			

2♥ = kein 4er-Pik
2♠ = 4er-Pik

Wirklich gewonnen hat man durch diese Konvention den Transfer auf 2♦:

N / W O / S

♠ 7
♥ 6 4 2
♦ B 8 6 5 3
♣ 9 5 4 3

Süd	West	Nord	Ost
	1♠	1SA	p
2♣	p	2♦	p
p			

Will Süd mit einem Karo-Einfärber zu 3SA einladen, kann er dies auch über Transfer praktizieren. Auf diese Weise wird der starke Partner in jedem Falle Alleinspieler.

N / W O / S

♠ 5 4 2
♥ 7 6 2
♦ A D 10 9 5 2
♣ 7

Süd	West	Nord	Ost
	1♥	1SA	p
2♣	p	2♦	p
3♦			

2.2. DER GEGNER IN 3.HAND PASST NICHT

Sagt der Gegner in 3.Hand etwas anderes an als Passe, dann gilt die klare und einfache Regel:

Es geht so weiter wie nach eigener 1SA-Eröffnung und Reizung des Gegners in 2.Hand.

Das heißt, das Kapitel B I., Abschnitt 1 bis 3 von FORUM D PLUS – die Wettbewerbsreizung gilt hier analog!

(Auch Abschnitt 4 gilt im übrigen analog, falls der Eröffner sich in der 2.Bietrunde aktiv an der Reizung beteiligt.)

Einige Beispiele zum Thema „3.Hand passt nicht":

Süd	West	Nord	Ost
	1♦	1SA	2♠
?			

a) N / W O / S

♠ K B 9 4
♥ B 7 5
♦ 7 6
♣ B 6 5 4

X

b) N / W O / S

♠ K B 4
♥ A 8 6 5
♦ 7 5
♣ D 4 3 2

2SA

c) N / W O / S

♠ 7 4
♥ 7 5 2
♦ 8 2
♣ K B 9 8 5 3

2SA

a) Strafkontra

b) Lebensohl. Nach Partners 3♣ folgt 3♠. Das zeigt dann 4er-Coeur nebst Stopper in Pik. Der Partner hat die Wahl zwischen 4♥ (mit 4er-Coeur) und 3SA. Dass die Hand keinen Stopper in Gegners Eröffnungsfarbe hat, stört nicht. Denn Karo-Stopper hat der Partner versprochen.

c) Lebensohl. Partner muss 3♣ bieten, und die soll er spielen.

Süd	West	Nord	Ost
	1♠	1SA	2♣
?			

a) N / W O / S

♠ K 6
♥ K 7 5 4
♦ D 10 9 4
♣ 7 5 3

X

b) N / W O / S

♠ 7 5
♥ 8 5 3
♦ D B 10 8 6 5 3
♣ 5

3♣

c) N / W O / S

♠ 8 6 4
♥ 8 6
♦ K 7 5
♣ D 10 7 5 4

Passe

Reizt der Gegner 2♣ = natürlich, dann gilt „System on"! Also ohne Lebensohl.

a) Kontra heißt Stayman = Frage nach 4er-Coeur. Verspricht mindestens partieeinladende Stärke.

b) Transfer auf Karo. Nord soll 3♦ spielen.

c) Vorsicht! Kontra wäre Stayman!

Besonderheit: Gegner reizt Fit - kein Strafkontra.

Reizt der Gegner auf niedriger Stufe Fit, gibt es kein Strafkontra, also auch nicht nach Partners 1SA-Gegenreizung. Das Kontra wird frei für ein kompetitives Negativkontra.

S

♠ D 8 6 3
♥ 6
♦ A 6 4 3
♣ 7 5 4 2

Süd	West	Nord	Ost
	1♥	1SA	2♥
X			

ZUSAMMENFASSUNG ZU KAPITEL III.

Die 1SA-Gegenreizung in 2.Hand:

- 16-18 FL, ausgeglichen, Stopper in Gegnerfarbe.

Antworten auf 1SA - Gegner in 3.Hand passt:

- Gegner eröffnet 1♣/1♦: Antworten wie nach 1SA-Eröffnung (mit Stayman und Transfer)
- Gegner eröffnet 1♥/1♠: Antwortstruktur etwas modifiziert:
  - 2♣ = Transfer auf Karo
  - „unmöglicher" Transfer in Gegners Eröffnungsfarbe = Stayman

Antworten auf 1SA - Gegner in 3.Hand passt nicht:

- Wie nach eigener 1SA-Eröffnung und Gegnerreizung in 2.Hand (Wettbewerbsreizung Kap. B I. 1-3)
- Ausnahme: Gegner reizt Fit: Kontra = Negativkontra.

Übungen zu Kapitel III.

①

N
W O
S

♠ A K 5 4
♥ K 7
♦ D 7 6
♣ A D 10 5

Süd	West	Nord	Ost
			1♣
1SA	p	2♦	p
?			

---

②

N
W O
S

♠ D 10 7 5
♥ 8 3 2
♦ A B 10 8 6 4
♣ –

Süd	West	Nord	Ost
	1♥	1SA	p
?			

---

③

N
W O
S

♠ 4
♥ B 7 5 4
♦ B 10 8 6 4 2
♣ 10 7

Süd	West	Nord	Ost
	1♠	1SA	p
?			

---

④

N
W O
S

♠ D 7 5
♥ D 9 8 6 5 2
♦ B 6 5
♣ 9

Süd	West	Nord	Ost
	1♣	1SA	2♣ *
?			

(*die 2♣ von Ost werden nicht alertiert, sie sind daher natürlich)

---

⑤

N
W O
S

♠ 6 4
♥ B 10 8 7
♦ K B 7 5
♣ B 10 9

Süd	West	Nord	Ost
	1♠	1SA	2♠
X	p	2SA	p
?			

Lösungen:

① 2♥. Man hat keine Wahl. Partners Transfer muss man ausführen.

---

② 2♦. Der Transfer in Gegners eröffneter Oberfarbe ist als Stayman definiert. Sollte der Partner mit 2♠ ein 4er-Pik annoncieren, will man sicherlich Vollspiel in Pik spielen. Verneint er aber mit der Antwort 2♥ ein 4er-Coeur, sollte man in der nächsten Bietrunde 3♦ bieten. Dies ist forcierend und beschreibt das Blatt. Ohne gute Stopper in Coeur und Treff darf der Partner jetzt nicht 3SA ansagen. 5♦ ist ein denkbarer Endkontrakt - wenn Partner beispielsweise folgendes Blatt hat: ♠ A 2, ♥ A K 7 6, ♦ K 7 5 3, ♣ D 8 5

---

③ 2♣. Transfer auf Karo.

---

④ 2♦. Nach Reizung vom Gegner in 3.Hand gelten die Regeln der Wettbewebsreizung analog. Nach natürlichen 2♣ vom Gegner gilt „System on". Danach ist 2♦ Transfer auf Coeur. Angenommen, der Gegner würde Landik spielen (Wettbewerbsreizung A III. 1.4.): Sein 2♣-Gebot würde dann beide Oberfarben versprechen. Danach gilt „System off", also kein Stayman und Transfer. Folglich wäre 2♦ = natürlich, zum Spielen. Mit dem aktuellen Blatt müsste Süd passen. (2♥ würde Werte in Coeur zeigen und den Partner zu 3SA einladen.)

---

⑤ 3♦. Nach Gegners Fitreizung war das Kontra ein Negativkontra. 2SA vom Partner verneint ein 4er-Coeur. Es handelt sich um das sogenannte „scrambling 2SA". Der Partner hat wahrscheinlich beide Unterfarben zu viert. 2SA stellt die Aufforderung dar, die längere Unterfarbe zu reizen; sind sie beide zu viert, die bessere.

Merke: Nach Partners 1SA ist Optimismus angesagt. Der starke Partner sitzt hinter dem Eröffner. Gegners Figuren befinden sich meist im Schnitt. Allerdings benötigt man ein einigermaßen positives Blatt, das über Einstiche verfügt. Kommt man nämlich nicht in die eigene Hand, um einen Schnitt zu versuchen, dann nützen die eigentlich günstig platzierten Figuren des Partners nicht viel.

IV. GEGENREIZUNG IN DER SANDWICHPOSITION

Mit Sandwichposition bezeichnet man folgende Situation: Sowohl der linke als auch der rechte Gegner haben gereizt, der Partner hat dagegen gepasst.

1. IN 4. HAND

Süd	West	Nord	Ost
	1♦	p	1♠
?			

oder

Süd	West	Nord	Ost
	1♥	p	2♥
?			

In 4.Hand gelten im Grundsatz die gleichen Reizregeln wie in 2.Hand:

- natürliche Farbgegenreizungen,
- Informationskontra für die Restfarben,
- 1SA zeigt das ausgeglichene Blatt mit 16-18FL und Stoppern in Gegnerfarben.

Das 1SA-Gebot in der Sandwichposition ist zwar nicht ganz ungefährlich, denn Partner könnte ein Nullblatt haben und der Gegner kontriert dann 1SA. Andererseits ist es aber auch gefährlich, seine starke Hand nicht zu reizen. Selbst Vollspiel in Sans-Atout ist nicht ganz ausgeschlossen, insbesondere in Zeiten, in denen die Gegner mit Subminimum eröffnen und oft mit ganz wenig Punkten positiv antworten.

Für die Folgereizung nach 1SA in der Sandwichposition in 4.Hand gilt (wenn der Eröffner passt):

2♣ = Stayman; die anderen Farbgebote = Transfer.

Hat der Gegner beide Oberfarben gereizt, dann sind 2♣ und 2♦ natürlich zum Spielen.

Überruf einer Gegnerfarbe:

- Überruf der Eröffnungsfarbe

  Dies zeigt einen Zweifärber in den Restfarben, siehe Kapitel A VI. 3. der Gegenreizung.

➠ Überruf der Farbe des Antwortenden: natürlich!

Süd	West	Nord	Ost
	1♦	p	1♠
2♠			

N / W O / S

♠ K D B 10 8 4
♥ A K 5
♦ 7 6
♣ 8 4

Hier ist natürlich besondere Vorsicht angesagt, denn der Misfit ist nahezu sicher. Die Farbe muss also sehr solide und zu sechst sein.

Solange der Gegner keinen Fit gefunden hat, gilt in der Sandwichposition der generelle Ratschlag: Vorsichtig sein! In Grenzfällen lieber passen!

Der Gegner reizt Fit:

Jetzt heißt es, die Vorsicht abzulegen und aktiv zu werden, wenn das Blatt es soeben gestattet.

Die Gefahr, einen teuren Kontrakt im Strafkontra zu verlieren, ist wesentlich geringer, wenn der Gegner Fit hat. In diesem Fall ist die Chance auf einen eigenen Fit erheblich größer. Besitzt der Gegner einen 9-Karten-Fit, ist sogar absolut sicher, dass die eigene Partei ebenfalls einen Fit hat.

Süd	West	Nord	Ost
	1♥	p	2♥
2♠			

N / W O / S

♠ K D 9 7 6
♥ 8 6
♦ A B 9 7
♣ 8 2

Wird der Gegner in solchen Situationen Alleinspieler, ist es immer der Partner, der das Ausspiel zum 1.Stich hat. Es ist also von besonderer Wichtigkeit, eine gute Farbe gegenzureizen, die auch Ausspielmarke sein soll.

2. IN 6.HAND

Reizen in der Sandwichposition in 6.Hand bedeutet, man hat in 2.Hand nach Eröffnung des rechten Gegners zunächst gepasst. Der Partner in 4.Hand hat auch gepasst. Nun nach dem Wiedergebot des Eröffners findet man in der 2.Bietrunde eine positive Ansage.

2.1. FARBREIZUNG IN 6.HAND

Welchen Grund kann es haben, eine Farbe in 2.Hand nicht zu reizen, und dann eine Runde später zu bieten?

Fall (1)

Man hätte in der vorigen Bietrunde 2 über 1 reizen müssen, und war nicht stark genug, um dies mit einer 5er-Farbe zu tun.

Nun reizt der Eröffner Fit auf der Zweierstufe in der Farbe des Antwortenden.

♠ 7 5
♥ 8 7 5
♦ K 4 2
♣ A K 8 7 6

Süd	West	Nord	Ost
			1♦
p	1♠	p	2♠
3♣			

Die Gründe, um jetzt 3♣ zu bieten:

- Obwohl eine Stufe höher, ist das Risiko der Reizung geringer geworden, denn der Gegner hat Fit.
- Nicht riskieren, dass der Gegner vielleicht mit begrenzten Werten bequem auf der Zweierstufe den Kontrakt ersteigern kann. Vielleicht ist Partners Hand für eine Wiederbelebung trotz ausreichender Punkte nicht geeignet.
- Der Partner muss ausspielen, egal, ob gegen Teilkontrakt oder gegen Vollspiel. Man gibt dem Partner eine gute Ausspielmarke.

Fall (2)

Man hätte in der vorigen Bietrunde 1 über 1 reizen können.

N
W O
S

♠ B 9 7 6 3
♥ 6 3
♦ A K
♣ D 10 4 2

Süd	West	Nord	Ost
			1♣
p	1♦	p	1♥
1♠			

oder

N
W O
S

♠ D 8 5 4 2
♥ 7
♦ K D 7 5
♣ D B 9

Süd	West	Nord	Ost
			1♦
p	1♥	p	2♥
2♠			

Der Partner muss wissen:

Wäre die Pik-Farbe gut, hätte Süd auch mit deutlich weniger als Eröffnungsstärke bereits in der 1.Bietrunde Pik gereizt. Die einzige Erklärung für die verzögerte Pik-Reizung kann nur sein:

- die Pik-Farbe ist nicht von guter Qualität,
- und das Blatt verfügt über weniger als Eröffnungsstärke.

Die Motive für die verzögerte Reizung liegen auf der Hand: Vielleicht findet man einen Fit und kann verhindern, dass der Gegner günstig den Kontrakt ersteigern kann.

2.2. KONTRA IN 6.HAND

Eine interessante Situation: Je nach Verlauf der bisherigen Reizung ist das Kontra entweder

Informationskontra oder Strafkontra!

Strafkontra:

Hat der linke Gegner 1SA auf seines Partners Eröffnung geantwortet und der rechte Gegner wiederholt seine Farbe, dann ist das Kontra ein Strafkontra! Dies gilt allerdings nicht für die Treff-Farbe (siehe unten).

N
W O
S

♠ K D 9
♥ K B 9 8 7
♦ A 6
♣ A 9 4

Süd	West	Nord	Ost
			1♥
p	1SA	p	2♥
X			

Das Kontra verspricht, die 2♥ ganz alleine zu schlagen. Der Partner darf nicht die Nerven verlieren und aus Schwäche in eine andere Farbe rennen.

Typisierung der Situation: Beide Gegner haben sich in der Stärke limitiert. Ein Fit ist beim Gegner nicht erkennbar.

Informationskontra:

Haben die Gegner neben der Eröffnungsfarbe noch eine weitere Farbe geboten, dann ist das Kontra ein Informationskontra für die Restfarben.

N
W O
S

♠ A B 9 6
♥ 7 5
♦ K B 6
♣ K D 8 6

Süd	West	Nord	Ost
			1♦
p	1♥	p	1SA
X			

Nun hat der Gegner die eigene kurze Farbe belegt, wegen der man in der ersten Bietrunde kein Informationskontra abgeben konnte. Das Informationskontra in der Sandwichposition in 6.Hand verspricht volle Eröffnungsstärke und Spielbereitschaft für die nicht gereizten Restfarben.

Sonderfall:

N	
W	O
S	

♠ K 8 6 5
♥ A 7 5 3
♦ D B 5 4
♣ 9

Süd	West	Nord	Ost
			1♣
p	1SA	p	2♣
X			

Obwohl der Gegner keine neue Farbe geboten hat, gilt das Kontra als Informationskontra; denn die Antwort 1SA auf 1♣ zeigt eine ausgeglichene Verteilung ohne 4er-Oberfarbe, impliziert also einen gewissen Treff-Fit.

(Man kann in der Partnerschaft festlegen, dass man das Kontra auch dann informatorisch spielt, wenn der Gegner in analoger Reizung Karo eröffnet und im Rebid wiederholt. Allerdings ist der gegnerische Fit in dieser Situation längst nicht so klar. Immerhin könnte der Antwortende für sein 1SA-Rebid auch eine lange Treff-Farbe mit Kürze in Karo haben.)

ZUSAMMENFASSUNG ZU KAPITEL IV.

In 4.Hand in der Sandwichposition:

- Gegenreizung wie in 2.Hand. Zeigt der Gegner keinen Fit, ist in Grenzfällen Vorsicht angebracht. Bei gegnerischen Fit: Mutig reizen!
- Überruf der Farbe des Antwortenden: natürlich!

In 6.Hand in der Sandwichposition:

- Farbreizungen, die man in 2.Hand 1 über 1 hätte bieten können, legen schlechte Farbqualität nahe.
- Farbreizungen, die man in 2.Hand 2 über 1 hätte bieten müssen, reizt man nach vom Gegner gefundenen Fit auch als Ausspielmarke.
- Kontra = Strafkontra, wenn der Gegner in 3.Hand 1SA antwortet, und der Eröffner seine Farbe wiederholt (Ausnahme: Treff).
- Kontra = Informationskontra (mit voller Eröffnungsstärke), wenn einer der Gegner eine neue Farbe geboten hat.

Übungen zu Kapitel IV.

①
♠ K 9 7 6 2
♥ 6
♦ 8 7 4 2
♣ 7 6 4

Süd	West	Nord	Ost
			1♣
p	1♥	1SA	p
?			

②
♠ 6
♥ B 9 7 6 5
♦ D 8 6 5 3
♣ D 4

Süd	West	Nord	Ost
			1♦
p	1♠	2♠	X
?			

③
♠ D 7 5 3
♥ 8
♦ K 10 6 4 3
♣ 8 3 2

Süd	West	Nord	Ost
	1♥	p	1SA
p	2♥	X	p
?			

④
♠ 9 7 5
♥ D B 9 5
♦ K 6 4 3 2
♣ 2

Süd	West	Nord	Ost
	1♣	p	1♠
p	1SA	X	2♠
?			

⑤
♠ K 10 5
♥ 5 2
♦ A D 7 5
♣ D 7 5 4

Süd	West	Nord	Ost
	1♦	p	1♥
p	2♥	2♠	p
?			

Lösungen:

① 2♥. Transfer auf Pik.

---

② Passe. Der Partner meldet ein sehr gutes 6er-Pik. Vielleicht fällt der Partner in 2♠, weil Ihr Blatt nicht hilfreich ist. Aber ein Rettungsversuch auf der 3er-Stufe würde Ihrer Partnerschaft einen Bärendienst erweisen.

---

③ Passe. Partners Kontra ist ein Strafkontra! Beide Gegner haben sich limitiert, ein Fit ist beim Gegner nicht erkennbar. Dass Ihr Blatt kurz in Coeur ist und vermutlich schwach ist, weiß Ihr Partner. Einen Rettungsversuch will er in dieser Situation bestimmt nicht sehen.

---

④ 3♥. Ihr Partner verspricht mindestens volle Eröffnungsstärke und höchstens ein Double in Pik sowie Spielbereitschaft für Coeur und Karo (jeweils zu viert). Kämpfen Sie um den Teilkontrakt! Beide Seiten haben Fit.

---

⑤ Passe. Ihr Partner konnte nicht 1♠ zwischenreizen. Er hat also bestenfalls ein mittelmäßiges 5er-Pik und weniger als Eröffnungsstärke. Wenn 2♠ Endkontrakt wird, wird der Partner sich freuen: Dieser Kontrakt hat gute Chancen.

Merke:
Reizt der Gegner Fit auf der 2er-Stufe, seien Sie mutig! Wenn Sie eine brauchbare Aktion mit Ihrem Blatt erkennen können, versuchen Sie Ihr Glück, insbesondere in Nichtgefahr.

V. WIEDERBELEBUNG

1. WIEDERBELEBUNG IN DER ERSTEN BIETRUNDE

Der linke Gegner eröffnet 1 in Farbe, die beiden nächsten Spieler passen:

Süd	West	Nord	Ost
	1♦	p	p
?			

In der Wiederbelebungsposition in der ersten Bietrunde ist es im Zweifel richtig, die Reizung nicht sterben zu lassen. Zu bedenken ist insbesondere, dass der Partner durchaus eine volle Eröffnung besitzen kann.

Passen muss man mit schwachen Händen unter 7-8 F; ansonsten ist es vor allem dann empfehlenswert zu passen, wenn man mehr als 4 Karten in der Gegnerfarbe hat. Schon mit 4 Karten in Gegnerfarbe ist passen häufig richtig. Je kürzer man in Gegnerfarbe ist, desto reizvoller ist eine Wiederbelebung.

Farbreizung:

Ein Farbgebot in der Wiederbelebungsposition zeigt:

ohne Sprung: 8-13 FL, 5er-Länge, auf der Einerstufe auch gute 4er-Länge;

im Sprung: 11-13 FL, 6er-Länge

Süd	West	Nord	Ost
	1♥	p	p
?			

a) N / W O / S	b) N / W O / S	c) N / W O / S	d) N / W O / S
♠ 5 3	♠ K B 10 8 5 3	♠ A K 10 6	♠ A D B 7 5
♥ 9 6	♥ 8 6 2	♥ 8 5	♥ A 6 5
♦ D 6 5 2	♦ A D 5	♦ 5 2	♦ K 6
♣ A D 10 8 6	♣ 2	♣ B 7 5 4 2	♣ 8 5 3
2♣	2♠	1♠	X

a) Genug, um auf der Zweierstufe zu „balancieren" (im Englischen: to balance).

b) Die Sprungreizung in der Wiederbelebungsposition ist ein Mix aus konstruktiver Reizung und einem Sperrgebot. Sie gibt eine präzise Blattbeschreibung in einem einzigen Gebot: 11-13 FL, 6er-Länge.

c) Mit 8 F und Kürze in Coeur möchte man möglichst nicht passen. Die 5er-Farbe ist von zu schlechter Qualität. Für ein Informationskontra fehlt die Spielbereitschaft in Karo. In der Wiederbelebungssituation ist es durchaus in Ordnung, eine gute 4er-Farbe auf der Einerstufe zu bieten. Immerhin gibt man damit eine gute Ausspielmarke.

d) Zu stark für ein Farbgebot in der Wiederbelebung in der ersten Bietrunde. Darum Informationskontra.

Antworten auf Farbgebote:

1SA:	11-13 FL, Stopper (evtl. 10 FL)
2SA (ohne Sprung):	12-13 FL, Stopper
2SA (im Sprung):	14-15 FL, Stopper
neue Farbe:	konstruktiv, aber nicht forcierend
Überruf Gegnerfarbe:	partieeinladend mit Fit oder volle Eröffnungsstärke ohne geeignetes natürliches Gebot

Süd	West	Nord	Ost
			1♣
p	p	1♥	p
?			

a) N / W O / S
♠ D 8
♥ 9 4
♦ A B 5 3
♣ D 9 7 3 2
passe

b) N / W O / S
♠ D B 8
♥ K 7
♦ K 10 7 5
♣ K D 8 6
2SA

c) N / W O / S
♠ 8 6 3
♥ 7 4
♦ D 4
♣ K D B 8 6 4
passe

d) N / W O / S
♠ A 7 6
♥ K B 8
♦ K 7 3
♣ 8 6 5 4
2♥

a) 1SA würde 2 Punkte mehr versprechen.

b) Der Sprung in 2SA beschreibt präzise das Blatt.

c) Man muss passen. Es ist Pech, dass der Partner 2♣ nicht als natürliches Gebot versteht. Hätte der Gegner 1♦ eröffnet, würde man 2♣ bieten.

d) Die einfache Hebung genügt, denn der Partner hat maximal 13FL.

Informationskontra:

ab ca. 7-8 F, wenn Kürze in Gegnerfarbe und Spielbereitschaft für die Restfarben gegeben ist; oder ab 14 FL, (fast) beliebige Verteilung; mit der Absicht, ein weitere Ansage abzugeben.

Süd	West	Nord	Ost
	1♦	p	p
?			

	a)	b)	c)
♠	K 8 6 5	D 9 7 5	5
♥	D 7 5 3	A 7 5	A D B 9 6 5
♦	8 5	6	7 5 4
♣	B 10 9	D 9 7 6 3	A B 10
	Passe	X	X

a) Zwar die passende Verteilung für ein Informationskontra, aber zu schwach.

b) 8 Punkte, Kürze in Gegnerfarbe, spielbereit für die Restfarben: ein ordentliches Wiederbelebungskontra in 4.Hand.

c) Mit 14 FL sowohl zu stark für 1♥ als auch für 2♥, also mit Kontra beginnen.

Antworten auf Informationskontra:

analog zu den Antworten auf Informationskontra in 2.Hand; aber die Untergrenze für alle Gebote, die nicht als schwach definiert sind, 3 Figurenpunkte höher.

Süd	West	Nord	Ost
			1♣
p	p	X	p
?			

a)
♠ KB86
♥ A754
♦ B6
♣ 1076

1♠

b)
♠ A4
♥ K754
♦ AB75
♣ 864

2♥

c)
♠ D7
♥ 753
♦ AD75
♣ KB32

1SA

a) Zieht man im Geiste 3 F von seinem Blatt ab, bleiben 6 übrig. Zu wenig, um Stärke zu zeigen. Darum zunächst 1♠ bieten. Sollte die Reizung weitergehen, kann man in der nächsten Bietrunde ökonomisch 2♥ ansagen.

b) Zieht man 3 F ab, bleiben 9. Der Sprung in 2♥ ist also adäquat und zeigt 4er-Coeur mit 11-13 F.

c) Selbst wenn man das Blatt wegen der beiden gut platzierten Figuren in Treff um 1 Punkt aufwertet, reicht die Stärke nicht für den Sprung in 2SA. Der Partner könnte 7 F haben!

Sans-Atout-Gebote:

1SA 10-13 FL, ausgeglichen, Stopper oder mindestens 3 kleine Karten in der Eröffnungsfarbe

2SA 17-19 FL, ausgeglichen, Stopper

Süd	West	Nord	Ost
	1♥	p	p
?			

a)	b)	c)	d)
♠ K D 6	♠ A 5	♠ D 6 3	♠ A K 2
♥ 8 5 2	♥ K D 10 4	♥ A B 10 6 5	♥ K B 10
♦ A D 6 4	♦ A D 6 5	♦ K 6 5	♦ A B 5 4 3
♣ B 4 2	♣ B 3 2	♣ 8 5	♣ D 9
1SA	X	passe	2SA

a) 3 kleine Karten in Coeur sind ausreichend für 1SA in der Wiederbelebungsposition. Häufig hat der Partner an dieser Stelle Stopper in Gegnerfarbe.

b) Zu stark für 1SA. In der nächsten Bietrunde wird man Sans-Atout reizen. Dies zeigt dann 14-16 FL.

c) Die Stärke für 1SA ist gegeben. Doch mit limitierter Stärke und einer 5er-Länge in Gegners Eröffnungsfarbe ist es meist richtig, zu passen. Denn der Partner auf Nord ist voraussichtlich sehr kurz in Coeur, hat aber dennoch kein Gebot gehabt. Er wird wahrscheinlich schwach sein. Am lukrativsten erscheint noch, wenn der Gegner 1♥ spielen muss.

d) Die Stärke und die Verteilung stimmen exakt für den Sprung in 2SA.

Antworten auf 1SA:

Wie nach 1SA in 2.Hand (vgl. Kap. A III.).

(1)

Süd	West	Nord	Ost
			1♦
p	p	1SA	p
?			

(2)

Süd	West	Nord	Ost
			1♥
p	p	1SA	p
?			

(3)

Süd	West	Nord	Ost
			1♠
p	p	1SA	2♦
?			

Für die drei verschiedenen Bietsequenzen wird nun untersucht, welche Ansage man mit Blatt a) bzw. Blatt b) wählen soll.

a) N / W O / S

♠ K D 5
♥ 6
♦ 3 2
♣ B 9 7 6 4 3 2

b) N / W O / S

♠ K B 5 3
♥ K 3
♦ A 10 9 4
♣ D 8 6

(1) a) 2♠ = Transfer auf Treff. Es wäre schön, wenn der Gegner 3♣ spielen ließe.

(1) b) 2♣ = Stayman. Antwortet Partner 2♠, lautet das Wiedergebot 3♠ (Vollspiel-Einladung). Antwortet Partner 2♦ oder 2♥, lautet das Wiedergebot 2SA (Einladung zu 3SA).

(2) a) 2♠ = Transfer auf Treff.

(2) b) 2♦ = Stayman (der „unmögliche" Transfer).

(3) a) 2SA = Lebensohl. Wenn West passt, muss Nord 3♣ bieten.

(3) b) Kontra = Strafkontra.

Nach 2SA (17-19 FL) gelten analoge Antworten (mit Stayman und Transfer).

Überruf der Gegnerfarbe:

Der Überruf der Gegnerfarbe verspricht einen guten Zweifärber in 2 von den andern 3 Farben (mindestens 5-5). Die Stärke entspricht der Stärke, die man für einen Zweifärber in 2.Hand mindestens besitzen muss (vgl. Kapitel A VI.): Maximal 6 Verlierer.

Süd	West	Nord	Ost
	1♦	p	p
?			

a) N / W O / S

♠ K D 10 9 5
♥ A K 10 9 3
♦ 6 5
♣ A

2♦

b) N / W O / S

♠ A B 9 7 5
♥ 6
♦ D 7
♣ K 9 7 5 3

1♠

a) Nur 5 Verlierer (1,5 in Pik, 1,5 in Coeur, 2 in Karo).

b) Zu viele Verlierer (7,5) und zu schlechte Farben für den Überruf.

In der Wiederbelebung zeigt auch der Überruf der 1♣-Eröffnung einen Zweifärber.

Antworten auf den Überruf:

Farbgebote sind Suchgebote nach Partners Farbe, sogar dann, wenn sie im Sprung abgegeben werden. Dabei muss man berücksichtigen, dass der Partner im Normalfall passt, wenn man eine von seinen Farben getroffen hat. Der Partner reizt nur dann weiter, wenn er deutliche Zusatzstärke hat.

Süd	West	Nord	Ost
			1♣
p	p	2♣	p
?			

a) S	b) S
♠ K 7 2	♠ A B 6 4
♥ 8 6	♥ D 8 6 4
♦ K 9 4 3 2	♦ 5
♣ D 7 5	♣ A 7 5 4
2♠	4♥

a) Wenn eine von Partners Farben die Pikfarbe ist, will man 2♠ spielen; selbst dann, wenn seine zweite Farbe Karo ist (Priorität dem Oberfarbfit). Sollte der Partner sehr stark sein und auf 2♠ mit 3♠ antworten, folgt 4♠.

b) Der Partner besitzt mindestens eine Oberfarbe. In jedem Falle deckt das Blatt genügend Verlierer von Partners Hand ab, um Vollspiel spielen zu können. Hat Nord die Coeur-Farbe nicht, soll er 4♠ bieten.

Sonstige Antworten:

Der erneute Überruf der Gegnerfarbe forciert zum Vollspiel, der Partner soll seine nächste Farbe ökonomisch reizen.

Die Antworten 2SA und 3SA sind natürlich und zeigen mindestens Doppelstopper in Gegnerfarbe.

2SA = 10-12 F

3SA = ab 13 F

2. Wiederbelebung ab der zweiten Bietrunde

Bei einer Wiederbelebung im weiteren Verlauf der Reizung ist die Unterscheidung wichtig, ob der Gegner einen Fit gefunden hat oder nicht. Hat er einen Fit entdeckt und will dennoch nicht höher als auf der Zweierstufe spielen, sollte man, wenn eben möglich, ihn daran hindern. Ist beim Gegner jedoch kein Fit erkennbar, ist eine Wiederbelebung gefährlich. In einer Misfitsituation ist es nicht sonderlich erstrebenswert, um das Alleinspiel zu kämpfen. Man läuft außerdem Gefahr, strafkontriert zu werden.

Der Gegner hat explizit Fit gefunden:

Süd	West	Nord	Ost
			1♥
p	2♥	p	p
?			

Hat der Gegner Fit gefunden und bleibt auf der Zweierstufe, können Wiederbelebungsgebote erheblich schwächer als in direkter Reizung sein - obwohl die Ansage auf einer höheren Stufe erfolgen muss.

Farbgebote:	natürlich
Kontra:	Informationskontra
SA (nach gegnerischem OF-Fit):	beide Unterfarben, mindestens 4-4

Süd	West	Nord	Ost
			1♠
p	2♠	p	p
?			

a)	b)	c)	d)
♠ 3 2	♠ A 7 5	♠ 8 6 4	♠ D B 4
♥ K B 9 5	♥ A	♥ K D 10 6 4	♥ D 6 4 3
♦ D 8 6	♦ K 6 5 4	♦ A 7 5 3	♦ A 7 6
♣ K B 10 9	♣ B 9 7 6 3	♣ 8	♣ B 5 2
X	2SA	3♥	passe

Nach einem Informationskontra gegen Gegners Oberfarbfit ist die Antwort 2SA konventionell: scrambling 2SA. 2SA fordert den Partner auf, seine längere (bessere) Unterfarbe zu bieten:

N
W O
S

♠ 9 8 6
♥ D 6
♦ B 10 9 6
♣ A 7 5 3

Süd	West	Nord	Ost
	1♠	p	2♠
p	p	X	p
2SA			

Der Gegner hat Quasi-Fit gefunden:

Nach 1♣-Eröffnung und 1SA-Antwort: Wiederbelebung sowohl gegen 1SA als auch gegen 2♣.

Eröffnet der Gegner 1♣ und dessen Partner antwortet 1SA, dann kann man man beim Gegner einen gewissen Treff-Fit unterstellen. (Denn 1SA bedeutet: ausgeglichen, keine 4er-Oberfarbe.)

Süd	West	Nord	Ost
			1♣
p	1SA	p	p
?			

Eine Wiederbelebung ist attraktiv. Das Kontra ist auch bei implizitem gegnerischen Fit ein Informationskontra.

Dies gilt erst recht für:

Süd	West	Nord	Ost
	1♣	p	1SA
p	2♣	p	p
?			

Das Kontra ist ein klares Informationskontra.

Kein gegnerischer Fit erkennbar:

Eine Wiederbelebung ist sehr gefährlich, denn wenn der Gegner Misfit hat, hat die eigene Partei oft auch Misfit. Die Bedeutung des Kontras wird in Abhängigkeit davon definiert, ob man vor oder hinter der zuletzt gereizten gegnerischen Farbe sitzt.

Wiederbelebung mit Kontra: Vor der zuletzt gereizten Farbe sitzend = Info-X.

Da man, vor Gegners Farbe sitzend, in einer sehr schlechten Position für ein Strafkontra ist, gilt ein Kontra als Informationskontra.

♠ D 10 5 3
♥ 7 5
♦ K 6 5
♣ A B 10 5

Süd	West	Nord	Ost
	1♥	p	1SA
p	2♥	p	p
X*			

*= Informationskontra

oder:

♠ K B 9 7
♥ 8
♦ D 7 6 4 2
♣ K 5 4

Süd	West	Nord	Ost
			1♣
p	1♥	p	1SA
p	2♥	p	p
X*			

*= Informationskontra

Hat man viele Karten in der Farbe des linken Gegners, muss man dagegen passen.

Wiederbelebung mit Kontra: Hinter der zuletzt gereizten Farbe sitzend = Straf-X.

Ist beim Gegner kein Fit erkennbar, gilt das Kontra als Strafkontra, wenn es hinter der zuletzt gereizten Farbe sitzend abgegeben wird.

N
W O
S

♠ A 3 2
♥ K B 10 4 2
♦ A K 2
♣ D 5

Süd	West	Nord	Ost
			1♥
p	1SA	p	p
X*			

*= Strafkontra, verspricht die Coeur-Farbe

N
W O
S

♠ D B 10 9 3
♥ A K 5
♦ 7 6 2
♣ A K

Süd	West	Nord	Ost
	1♦	p	1♠
p	1SA	p	p
X*			

*= Strafkontra, verspricht die Pik-Farbe

ZUSAMMENFASSUNG ZU KAPITEL V.

Wiederbelebung in der 1.Bietrunde:

- Farbgebot
  - ohne Sprung: 8-13 FL, 5er-Länge, auf Einerstufe auch gute 4er-Länge;
  - Farbgebot im Sprung: 11-13 FL, 6er-Länge
- Informationskontra

  ab ca. 7-8 F, wenn Kürze in Gegnerfarbe und Spielbereitschaft für die Restfarben gegeben ist; oder ab 14 FL, (fast) beliebige Verteilung; mit der Absicht, ein weitere Ansage abzugeben.

  Antworten: Untergrenze für positive Gebote: 3 Punkte höher.
- Sans Atout

  1SA = 10-13 FL

  2SA = 17-19 FL

  Antworten: analog nach 1SA in 2.Hand.
- Überruf Gegnerfarbe

  guter Zweifärber in 2 der 3 Restfarben.

Wiederbelebung ab der zweiten Bietrunde

- Der Gegner hat Fit (explizit oder Quasi-) gefunden: wenn möglich wiederbeleben.

  Farbgebote: natürlich

  Kontra: Informationskontra

  SA (nach gegnerischem OF-Fit): beide Unterfarben, mindestens 4-4
- Gegner hat keinen Fit gefunden: Wiederbelebung gefährlich.

  Position vor der zuletzt gereizten Farbe:
  Kontra = Informationskontra

  Position hinter der zuletzt gereizten Farbe:
  Kontra = Strafkontra

Übungen zu Kapitel V.

①

N
W O
S

♠ D 10 5 4
♥ A 6
♦ D 6
♣ B 10 8 7 6

Süd	West	Nord	Ost
			1♦
p	p	X	p
1♠	p	1SA	p
?			

---

②

N
W O
S

♠ K B 10 8
♥ 6 2
♦ 7 6 5
♣ A B 6 4

Süd	West	Nord	Ost
	1♦	p	p
?			

---

③

N
W O
S

♠ 6
♥ 8 6 3
♦ B 9 7 6 5 4 2
♣ 6 2

Süd	West	Nord	Ost
			1♠
p	p	2SA	p
?			

---

④

N
W O
S

♠ B 8 6 5
♥ 6
♦ A 7 6 5 2
♣ K 7 5

Süd	West	Nord	Ost
			1♥
p	2♥	p	p
?			

---

⑤

N
W O
S

♠ A 7 6 5
♥ 8 6
♦ K 6 5 4
♣ D B 5

Süd	West	Nord	Ost
			1♥
p	1SA	p	p
?			

Lösungen:

① 2SA. Einladung zu 3SA. Der Partner verspricht 14-16 FL.

---

② 1♠. In der Wiederbelebung auch mit einer guten 4er-Länge, wenn keine bessere Reizalternative erkennbar ist. Für 1SA fehlt ein Punkt, außerdem ist die Konzentration aller Werte in nur 2 Farben sowieso nicht ideal für eine Sans-Atout-Reizung.

---

③ 3♣. Transfer auf Karo. Nach Oberfarberöffnungen übernimmt der „unmögliche" Transfer in die Gegnerfarbe die Stayman-Funktion. Dadurch wird die sparsame Treff-Reizung frei für den Transfer nach Karo.

---

④ Kontra. Das Wiederbelebungskontra mit Kürze in der gegnerischen Fitfarbe verspricht ab 7-8 F. Das Kontra ist deutlich besser als ein 3♦-Gebot. Einmal könnte man einen Oberfarbfit verpassen, außerdem ist Kontra viel flexibler. Nord könnte z.B. 6er-Treff und Single Karo haben. Dann wird 3♦ bestimmt kein Erfolg.

---

⑤ Passe. Kontra wäre Strafkontra! Der Gegner hat keinen Fit gefunden. Süd sitzt hinter der zuletzt vom Gegner gereizten Farbe.

Merke:
Bei Wiederbelebungen nach der 1.Bietrunde soll man mutig sein, wenn der Gegner einen Fit entdeckt hat.
In einer Misfitsituation ist eine Wiederbelebung jedoch gefährlich.

VI. KONVENTIONELLE GEGENREIZUNGEN

1. ZWEIFÄRBER-GEGENREIZUNG „MICHAELS PRÄZIS"

1.1. BEDEUTUNG UND ANWENDUNG VON MICHAELS PRÄZIS

Michaels Präzis ist eine Konvention, um nach Gegners Farberöffnung auf der Einerstufe 5-5-Zweifärber in der Gegenreizung darzustellen. Man spielt diese Konvention nur in 2.Hand unmittelbar hinter einer Eröffnung.

Die Konvention trägt das Attribut „präzis", weil immer sofort definiert ist, um welche beiden Farben es sich handelt. Dies kann in kompetitiven Bietsituationen ein entscheidender Vorteil sein:

♠ 10 7
♥ B 5 3
♦ 3 2
♣ K D 8 7 6 2

Süd	West	Nord	Ost
	1♥	2♥	4♥
?			

Wenn Partners 2♥-Überruf wie bei vielen Zweifärber-Konventionen bedeuten würde „Pik und eine Unterfarbe", dann kann man mit dem Süd-Blatt nur passen. Denn wahrscheinlich hat Nord Pik und Karo. Sollte der Partner tatsächlich Treff als zweite Farbe besitzen, wäre 5♣ eine Riesenverteidigung. In Michaels Präzis bedeutet 2♥, dass der Partner definitiv Pik und Treff hat. Die gute Verteidigung wird mühelos gefunden.

Der Gegner eröffnet 1 in Unterfarbe

Jetzt bedeutet:

2 ♦ = beide Oberfarben

2 SA = die beiden niedrigsten ungereizten Farben

der Zweifärber ♠/Unterfarbe wird natürlich gereizt.

Süd	West	Nord	Ost
			1♦
?			

a)	b)	c)
N / W O / S	N / W O / S	N / W O / S
♠ KDB86	♠ 96	♠ AD1095
♥ AB1095	♥ KDB64	♥ 75
♦ B7	♦ 4	♦ 4
♣ 8	♣ AK1096	♣ KDB75
2♦	2SA	1♠

zu c) Hier muss Süd darauf verzichten, den Zweifärber mit einem Gebot zu reizen.

Vielleicht ergibt sich in der nächsten Runde noch die Möglichkeit, die Treff-Farbe zu bieten.

Achtung: Nach Gegners 1♣-Eröffnung ist 2♣ eine natürliche Gegenreizung, denn der Gegner hat in einem 5er-Oberfarb-System häufig weniger als 4 Karten in Treff.

1♣ – 2♣ hat also im Prinzip die gleiche Bedeutung wie 1♦ – 2♣. Wegen der Misfitgefahr sollte man jedoch gegen 1♣ das 2♣-Gebot nur mit einer sehr soliden Treff-Farbe wählen.

Der Gegner eröffnet 1 in Oberfarbe

Jetzt bedeutet:

Überruf = die andere Oberfarbe und Treff

2 SA = beide Unterfarben

3♣ = die andere Oberfarbe und Karo

Süd	West	Nord	Ost
			1♠
?			

a)	b)	c)
N / W O / S	N / W O / S	N / W O / S
♠ 4	♠ 75	♠ –
♥ DB1086	♥ 7	♥ AK1084
♦ A5	♦ KDB107	♦ AD976
♣ KB1095	♣ AB965	♣ 754
2♠	2SA	3♣

Die Farbkombinationen lassen sich leichter merken, wenn man sich klar macht:

- warum der konventionelle Sprung in 3♣ nicht die Treff-Farbe beinhaltet: Die Stärke ist nach oben nicht limitiert. Der Partner wüsste nicht, ob er mit Treff-Fit passen soll.
- 2 SA verspricht grundsätzlich die beiden niedrigsten nicht gereizten Farben.

Stärke der Michaels Präzis-Reizung

Die Summe der Figurenpunkte ist von sehr untergeordneter Bedeutung. Die Figuren sollen in den beiden langen Farben konzentriert sein. Die langen Farben benötigen Mittelwerte (B, 10, 9). Figuren in den kurzen Farben sind störend, denn sie stellen keine Offensiv-, sondern Defensivwerte dar; das heißt, das Blatt eignet sich möglicherweise besser für das Gegenspiel als für das Alleinspiel.

Die Stärke des 5-5-Zweifärbers misst man am genauesten in Verlierern. Pro fehlender Topfigur in den langen Farben zählt man einen Verlierer, ist die Farbe schwach an Mittelwerten, zählt man einen halben Verlierer hinzu; wichtig ist dabei vor allem der Bube.
z.B.: A 9 7 4 2 = 2,5 Verlierer
D B 10 7 2 = 2,0 Verlierer

In den kurzen Farben zählt jede kleine Karte, bis zur Dame einschließlich, einen Verlierer. Das Ass in einer kurzen Farbe ist kein Verlierer, der König ein halber.

Bei gleicher oder ungünstiger Gefahrenlage sollte man für das Reizen von Michaels Präzis besitzen:

- höchstens 6 Verlierer, gut mit Mittelwerten bestückt.

Bei günstiger Gefahrenlage:

- höchstens 7 Verlierer.

Nach oben ist die Stärke auf jeden Fall unlimitiert.

(Selbstverständlich ist es eine Frage der Partnerschaftsvereinbarung, ob man die Zweifärberkonvention auch mit mehr Verlierern spielen will. Man setzt damit mehr auf das destruktive Element, stört also den Gegner häufiger. Man nimmt damit aber in Kauf, öfter einmal mit einem teuren Strafkontra erwischt zu werden; vor allem aber verzichtet man darauf, dass der eigene Partner eine qualifizierte Kontraktentscheidung treffen kann.)

Wenn die Anzahl der Verlierer für eine Michaels-Reizung zu hoch ist, kommt immer noch das natürliche Bieten einer der beiden Farben in Betracht, insbesondere der Pik-Farbe. Dies auch dann, wenn das Blatt den gewöhnlichen Anforderungen an eine Farbgegenreizung nicht voll genügt.

Keiner in Gefahr

Süd	West	Nord	Ost
			1♥
?			

a)	b)	c)	d)
N / W O / S	N / W O / S	N / W O / S	N / W O / S
♠ A K D B 10	♠ A B	♠ K D B 9 6	♠ D 10 6 5 4
♥ 6	♥ 7	♥ 7 5 3	♥ 4
♦ 5	♦ D 9 8 7 6	♦ D B 10 9 7	♦ A D 7 5 3
♣ A K D 10 6 4	♣ A 9 8 7 5	♣ –	♣ D 8
2♥	passe	3♣	1♠

a) Die Stärke des Blattes ist nach oben unlimitiert. Süd will einen Fit finden und dann mindestens Vollspiel spielen.

b) 7 Verlierer, ziemlich schlechte Farben. Selbst für eine 2♣- oder 2♦-Reizung sind die Farben zu schlecht.

c) Nur 6 Verlierer. Zwar Minimum, aber mit den Mittelwerten dennoch ein stabiler Zweifärber.

d) 1 F-Punkt mehr als bei c). Doch die langen Farben sind deutlich schlechter. Das Blatt zählt mit 7 Verlierern einen Verlierer zu viel. Mit 11 FV rechtfertigt die mäßige Qualität der Pik-Farbe für sich genommen nicht einmal eine 1♠-Reizung.

Doch mit der 5-5-Verteilung ist es dennoch richtig, auf der Einerstufe in die Reizung zu gehen, insbesondere mit der Pik-Farbe. Das Risiko einer Einerstufen-Gegenreizung ist gering; hat der Partner Pik-Fit, wird der Fit mit der unausgeglichenen Verteilung attraktiv, zum Beispiel für eine Verteidigung gegen 4♥.

Mit 6-5-Verteilungen kann man auch Michaels Präzis reizen, aber nicht, wenn die 6er-Farbe eine Oberfarbe und die 5er-Farbe eine Unterfarbe ist. Die Gefahr wäre zu groß, einen 6-2-Fit in Oberfarbe zu verpassen.

Einen starken 7-5-Zweifärber kann man jedoch auch mit 7er-Oberfarbe über Michaels reizen. Egal, auf welcher Bietstufe man sein Wiedergebot abgeben kann - man muss dann seine 7er-Oberfarbe mindestens auf Vollspielhöhe reizen.

Kein Michaels Präzis in 4.Hand, auch nicht in der Wiederbelebungsposition! (zum Überruf der Gegnerfarbe in der Wiederbelebungsposition siehe Kapitel A V.1.)

1.2. DAS VERHALTEN DES PARTNERS

Die Zweifärberreizung des Partners gibt die Vorlage sowohl für eine destruktive Sperrreizung, als auch für eine konstruktive Aktion zur Reizung eines erfüllbaren Kontraktes.

Destruktiv: Nach dem Gesetz der Totalen Stiche!

- mit 9 Trümpfen mindestens die 3er-Stufe belegen,
- mit 10 Trümpfen mindestens die 4er-Stufe belegen.

  Dabei mitberücksichtigen, ob günstige Cover Cards (s.u.) oder störende Defensivwerte im Blatt sind.

N
W O
S

Alle in Gefahr

♠ D 7 6 5 4
♥ 8 6
♦ B 7 4 3
♣ B 7

Süd	West	Nord	Ost
	1♥	2♥	X
4♠			

Wegen der 5 Trümpfe springt Süd direkt in 4♠.

Konstruktiv:

Neubewertung bei Fit. Jede Figur in Partners Farben ist sehr wertvoll, kleine Figuren in den Nebenfarben sind dagegen wertlos für die Offensive. Selbst ein König in den Nebenfarben ist von sehr zweifelhaftem Wert. Positiv zu bewerten ist ein Doppelfit.

Um zu beurteilen, wieviel Stiche die eigene Partei machen kann, überlegt man am besten, wieviele von Partners möglichen Verlierern man abdecken kann; wieviele „Cover Cards" man also besitzt.

N
W O
S

Keiner in Gefahr

Süd	West	Nord	Ost
	1♠	3♣	p
3♥!			

♠ K B 2
♥ A 8 4
♦ 7 5 3
♣ K D 8 2

Trotz der 13 F deckt das Blatt nur 1 bis 2 von Partners Verlierern ab. Beim Partner erwartet man einen roten Zweifärber mit 6 Verlierern.

N
W O
S

Nord/Süd in Gefahr

Süd	West	Nord	Ost
	1♥	2♥	3♥
4♠			

♠ D 9 5
♥ 8 7 4
♦ A 5 3 2
♣ K 4 3

Das Blatt besitzt 3 Covercards für Partners Blatt. Damit sollten höchstens 3 Verlierer übrig bleiben - von den 6 Verlierern, die der Partner haben kann.

Partners Blatt könnte beispielsweise wie folgt aussehen:

♠ K B 10 7 4
♥ 5
♦ 7 4
♣ A D B 10 5

N
W O
S

Misfit:

Da Partners Farben bekannt sind, stehen 2SA und 3SA als natürliche Gebote zur Verfügung.

Ohne zumindest einen Unterfarbfit zu besitzen, sollte man jedoch sehr zurückhaltend dabei sein, Sans Atout zu reizen, denn es könnten die Übergänge zum Partnerblatt fehlen.

Meist steht die Schadensbegrenzung im Vordergrund. Kündigt der Gegner durch ein Kontra Interesse am Strafkontra an:

- gleich lang in Partners Farben (z.B. 2-2): passen, Partner selbst die Farbe wählen lassen;
- eine Farbe länger(z.B. 2-1): längere Farbe reizen;
- sehr lange eigene Farbe: diese reizen;
- nur mit sehr stabilen Werten in Gegnerfarbe Sans-Atout-Kontrakt anstreben (keine Kommunikation!).

2. Sprung in Eröffnungsfarbe

Der direkte Sprung in 2.Hand in die Eröffnungsfarbe des Gegners fragt nach Stopper.

Für dieses Sprung-Cue Bid benötigt man ein spielstichstarkes Blatt, fast immer mit einer langen stehenden Unterfarbe.

N
W O
S

♠ A 9
♥ 8 6
♦ A 5
♣ A K D B 5 4 2

Süd	West	Nord	Ost
			1♥
3♥			

Stoppt Nord die Coeur-Farbe, sind 3SA praktisch nicht zu schlagen. Nord soll mit Coeur-Stopper 3SA bieten.

Besitzt der Partner den angefragten Stopper in Gegnerfarbe nicht, dann sollte er bei seiner Reizung Partners voraussichtlichen Blatttyp berücksichtigen. Mit einem schwachen Blatt wird es in der Regel richtig sein, in Partners langer Farbe so niedrig wie jetzt noch möglich zu spielen.

Süd	West	Nord	Ost
	1♠	3♠	p
?			

a)	b)	c)
N / W O / S	N / W O / S	N / W O / S
♠ K 6	♠ B 7 5	♠ 9 5 2
♥ B 9 8 6 4 3	♥ B 9 8 6 4	♥ K D 3 2
♦ 7 6 5 4	♦ D 6 5 2	♦ A 5 3 2
♣ 3	♣ 7	♣ 6 4
3SA	4♣	5♣ oder 4♠

a) Nach mehr als Pikstopper hat Nord nicht gefragt. 3SA ist die korrekte Antwort. Die restlichen 8 Stiche muss Nord beisteuern.

b) Stopper in Pik ist nicht vorhanden, der Halbstopper reicht in dieser Situation nicht aus. Mit dem schwachen Blatt muss man versuchen, niedrig zu bleiben und in Partners langer stehender Farbe zu spielen. Mit an Sicherheit grenzender Wahrscheinlichkeit ist das die Treff-Farbe. 4♣ versteht Nord jedenfalls als Suche nach seiner langen Farbe.

c) Wenn Partner nicht mehr als Double Pik hat, sollte 5♣ erfüllbar sein. Mit Single Pik beim Partner liegt sogar ein Schlemm im Bereich des Möglichen. 4♠ als allgemeine Schlemmeinladung ist daher durchaus eine Alternative. 4♠ verspricht keine Pik-Kontrolle.

3. ZWEIFÄRBER IN 4.HAND (SANDWICHPOSITION)

Für die Darstellung eines Zweifärbers in 4.Hand ist wesentlich, welche Ansage der Gegner in 3.Hand gewählt hat.

<u>Gegner in 3.Hand bietet neue Farbe</u>

Süd	West	Nord	Ost
	1♣	p	1♥
?			

Überruf der Eröffnungsfarbe: = 5-5-Zweifärber in den Restfarben, konstruktiv oder destruktiv,

2SA = figurenpunktschwacher Zweifärber in den Restfarben, häufig 5-6

(1SA ist stark und natürlich; Überruf der auf der Einerstufe gereizten Farbe des rechten Gegners ist ebenfalls natürlich und konstruktiv, vorzugsweise mit einer sehr stabilen 6er-Farbe.)

Keiner in Gefahr

Süd	West	Nord	Ost
	1♦	p	1♠
?			

a)	b)	c)
♠ 6	♠ 4	♠ A D
♥ D B 10 9 5	♥ D B 9 7 2	♥ A D 10 4 2
♦ 8 7	♦ 6	♦ 6
♣ A K B 6 5	♣ D B 10 8 7 4	♣ B 9 7 5 4
2♦	2SA	2♥

zu c) Die Treff-Farbe ist zu schlecht und daher vernachlässigbar (insbesondere als Unterfarbe). Außerdem hat das Blatt viel Defensivwerte.

<u>1SA von der gepassten Hand:</u>

Da 1SA von der gepassten Hand nicht mehr stark sein kann, steht der gepassten Hand 1SA als zusätzliches konventionelles Gebot zur Verfügung. Es zeigt 4-6 in den nicht gereizten Farben: also 4er-Länge in der höheren Farbe, und 6er-Länge in der niedrigeren Farbe.

♠ 3 2
♥ D B 9 6
♦ 8
♣ A D 10 8 6 3

Süd	West	Nord	Ost
p	1♦	p	1♠
1SA			

<u>Gegner in 3.Hand antwortet 1SA</u>

- Eröffnungsfarbe Unterfarbe: Überruf zeigt beide Oberfarben

♠ A B 9 8 6
♥ K D B 8 7
♦ 7
♣ 9 5

Süd	West	Nord	Ost
	1♣	p	1SA
2♣			

In dieser Situation zeigt 2♦ eine echte stabile Karo-Farbe.

- Eröffnungsfarbe Oberfarbe: Überruf zeigt andere Oberfarbe und eine Unterfarbe

♠ K B 10 6 5
♥ 7 5 2
♦ K D B 9 6
♣ –

Süd	West	Nord	Ost
	1♥	p	1SA
2♥			

- 2SA: die beiden niedrigsten nicht gereizten Farben

  Aber Vorsicht! Sehr große Misfitgefahr! Und der Partner kann unterhalb der 3er-Stufe nicht mehr bieten.

♠ 9 6
♥ –
♦ D B 10 8 7 5
♣ A D B 9 6

Süd	West	Nord	Ost
	1♠	p	1SA
2SA			

Das heißt, alle Farbreizungen sind natürlich, auch der Sprung in 3♣.

Gegner in 3.Hand hebt Eröffnungsfarbe auf die Zweierstufe

Der Gegner hat nur eine Farbe belegt. Gegners Fit ermutigt tendenziell zum Reizen.

Gegner reizt Oberfarbfit:

Süd	West	Nord	Ost
	1♠	p	2♠
?			

In Fitsituationen ist es wünschenswert, sofort beide Farben dem Partner bekannt zu geben.

Darum:

- 2SA: die Unterfarben
- 4♣: starker Zweifärber (max. 5 Verlierer) in Treff und der anderen Oberfarbe
- 4♦: starker Zweifärber (max. 5 Verlierer) in Karo und der anderen Oberfarbe

(die Bedeutung von 4♣ und 4♦ ist identisch mit der vom Sprung in 4♣/4♦ nach einer schwachen Zweiereröffnung des Gegners, vgl. Kapitel B II.)

Dies hat den Vorteil, dass der Überruf der Gegnerfarbe auf der Dreierstufe freibleibt für die Frage nach Stopper (für die starke Hand mit stehender Unterfarbe).

Süd	West	Nord	Ost
	1♥	p	2♥
?			

a)	b)	c)	d)
N W O S	N W O S	N W O S	N W O S
♠ K D 9 7 5	♠ 5	♠ K D B 10 5	♠ A 6
♥ 7 5	♥ 8 6	♥ –	♥ 8 4
♦ 9	♦ K D 10 9 6	♦ 7 4	♦ K D
♣ A K 7 6 5	♣ A B 10 7 6	♣ A B 10 8 7 5	♣ A K D 7 6 5 2
2♠	2SA	4♣	3♥

a) 6 Verlierer und schlechte Mittelwerte eignen sich nicht für den Sprung in 4♣. Darum beschränkt man sich auf das sparsame Bieten der wichtigeren Farbe.

b) 2SA schickt den schönen Unterfarb-Zweifärber in den Kampf um den Kontrakt.

c) Nur knapp 5 Verlierer. Informiert den Partner perfekt über den starken Zweifärber.

d) Frage nach Stopper in Coeur.

Gegner reizt Unterfarbfit:

- Überruf Gegnerfarbe: beide Oberfarben
- 2SA: die beiden niedrigsten nicht gereizten Farben

Süd	West	Nord	Ost
	1♦	p	2♦
?			

a)	b)
N W O S	N W O S
♠ A D 10 8 2	♠ 4
♥ K D 8 6 5	♥ K D 10 9 7
♦ 7	♦ 9 8
♣ A 4	♣ A K B 10 6
3♦	2SA

ZUSAMMENFASSUNG ZU KAPITEL VI.

Zweifärber-Gegenreizung Michaels Präzis in 2.Hand:

- Der Gegner eröffnet 1 in Unterfarbe:
  - 2♦ = beide Oberfarben
  - 2SA = die beiden niedrigsten ungereizten Farben

  der Zweifärber ♠/Unterfarbe wird natürlich gereizt.
- Der Gegner eröffnet 1 in Oberfarbe
  - Überruf = die andere Oberfarbe und Treff
  - 2 SA = beide Unterfarben
  - 3♣ = die andere Oberfarbe und Karo

Sprung in 2.Hand auf 3 in Eröffnungsfarbe:

= Frage nach Stopper in Gegnerfarbe, um 3SA zu spielen.

Zweifärber in 4.Hand (Sandwichposition):

- Gegner in 3.Hand bietet neue Farbe:
  - Überruf der Eröffnungsfarbe: 5-5-Zweifärber in den Restfarben, konstruktiv oder destruktiv,
  - 2SA: figurenpunktschwacher Zweifärber in den Restfarben, häufig 6-5
  - 1SA von gepasster Hand: 4er in oberer Restfarbe, 6er in unterer Restfarbe
- Gegner in 3.Hand antwortet 1SA
  - Eröffnungsfarbe Unterfarbe: Überruf zeigt beide Oberfarben
  - Eröffnungsfarbe Oberfarbe: Überruf zeigt andere Oberfarbe und eine Unterfarbe
  - 2SA: die beiden niedrigsten nicht gereizten Farben

- Gegner in 3.Hand hebt eröffnete Oberfarbe auf die Zweierstufe
  - 2SA: die Unterfarben
  - 4♣: starker Zweifärber (max. 5 Verlierer) in Treff und der anderen Oberfarbe
  - 4♦: starker Zweifärber (max. 5 Verlierer) in Karo und der anderen Oberfarbe
- Gegner in 3.Hand hebt eröffnete Unterfarbe auf die Zweierstufe
  - Überruf Gegnerfarbe: beide Oberfarben
  - 2SA: die beiden niedrigsten nicht gereizten Farben

Übungen zu Kapitel VI.

① N / W O / S — Keiner in Gefahr

♠ K B 10 8 3
♥ 7 6
♦ A K D 6 2
♣ 2

Süd	West	Nord	Ost
			1♥
?			

② N / W O / S — Alle in Gefahr

♠ B 8 4 2
♥ D 6
♦ 7
♣ A 10 7 6 5 2

Süd	West	Nord	Ost
	1♣	2♦	X
?			

③ N / W O / S — Ost/West in Gefahr

♠ 9 7 5 3
♥ D 7 2
♦ 7
♣ K B 7 6 2

Süd	West	Nord	Ost
	p	p	1♦
p	1♠	1SA	X
?			

④ N / W O / S — Nord/Süd in Gefahr

♠ D B 8
♥ 6
♦ A D
♣ A K D 10 8 6 3

Süd	West	Nord	Ost
			1♥
?			

⑤ N / W O / S — Keiner in Gefahr

♠ 7 5 4
♥ 8 6 2
♦ D 8 5
♣ A 7 4 3

Süd	West	Nord	Ost
			1♠
p	2♠	4♦	p
?			

Lösungen:

① 3♣. Gemäß Michaels Präzis zeigt dies einen Pik/Karo-Zweifärber, nicht mehr als 6 Verlierer.

---

② 4♠. Mindestens 3 von Partners Verlierern sollte das Blatt abdecken können. Coeur Dame und Treff Ass sind vollwertige Cover Cards, die beide einen vollen Verlierer abdecken. Pik Bube deckt einen halben Verlierer ab. Außerdem bieten die Kürzen in Coeur und Karo im Verein mit den 4 Trümpfen ein beachtliches Schnapppotenzial. Partners Blatt könnte wie folgt aussehen: ♠ K D 10 7 5, ♥ A B 9 8 3, ♦ K 5, ♣ 4. Der Karo-König ist wahrscheinlich wertlos. Dennoch wäre es keine Überraschung, wenn man in 4♠ sogar einen Überstich erzielen würde.

---

③ 5♣. Der gepasste Partner verspricht mit 1SA 4er-Coeur und 6er-Treff. Wenn Sie 3♣ oder 4♣ geboten haben, beweisen Sie damit, dass Sie den Partner verstanden haben. Doch 5♣ macht dem Gegner viel mehr Probleme. Bei der günstigen Gefahrenlage wird 5♣ mit großer Wahrscheinlichkeit billiger sein als Vollspiel beim Gegner. Und Vollspiel kann der Gegner ganz bestimmt erfüllen. Partners Blatt könnte wie folgt aussehen: ♠ 3 2, ♥ K B 8 4, ♦ 9, ♣ A 10 9 5 4 3. Wenn Sie diesen Dummy sehen, rechnen Sie mit 2 Fallern.

---

④ 3♥. Frage nach Coeur-Stopper. Süd hat mindestens 8 Stiche für 3SA. Nord muss 3SA bieten, wenn sein Blatt einen Coeur-Stopper hat.

---

⑤ 4♥. Der Partner verspricht einen starken Zweifärber mit Karo und Coeur, maximal 5 Verlierer. Da Süds Blatt mit Karo Dame und Treff Ass zwei Verlierer von Nord abdeckt, sind die Chancen im übrigen gut, 4♥ zu erfüllen. Wenn Partner Minimum für seine Reizung hat, könnte sein Blatt wie folgt aussehen: ♠ 9, ♥ K D B 10 3, ♦ A K B 9 7, ♣ 8 5.

Merke:
Wenn Sie sich in Ihrer Partnerschaft diszipliniert an die Mindeststärke für eine Michaels Präzis-Reizung halten, wird Ihnen das Cover Card-Konzept als ausgezeichnete Entscheidungshilfe bei der Kontraktentscheidung dienen. Michaels Präzis: maximal 6 Verlierer (Ausnahme: bei günstiger Gefahrenlage bis zu 7 Verlierern).

B Nach sonstigen Eröffnungen

I. NACH ERÖFFNUNG 1SA

Gegenreizungen gegen 1 SA sollten sich auszeichnen durch:

- interessante Verteilungen (Zweifärber oder Einfärber, möglichst mit Singleton)
- gute Farben mit Mittelwerten

Im Zweifelsfall ist die Gefahrenlage, die Turnierform und die Stärke der Gegner zu berücksichtigen. Dies bedeutet: Eine „windige" Gegenreizung gegen 1SA kommt am ehesten in Betracht: In Nichtgefahr, im Paarturnier, gegen schwache Gegner. Ausdrücklich zu warnen ist vor der Gegenreizung einer 5er-Farbe mit 5-3-3-2-Verteilung. Hiermit ist es meist besser gegenzuspielen.

Insbesondere gegen starken Sans Atout hat die Zwischenreizung häufig destruktiven Charakter. Man will verhindern, dass der Gegner 1SA spielen darf, bzw. man versucht, ihm die Weiterreizung zu erschweren.

1. DIE ANSAGEN IN 2.HAND GEGEN 1SA

1.1. NATÜRLICHE ANSAGEN

Kontra: Strafkontra, ca. ab Obergrenze der gegnerischen SA-Stärke

(Bsp: Gegner eröffnet 1SA 15-17, Kontra ab ca.17FL).

Sollte der Gegner superleichte SA-Eröffnungen spielen, z.B. 10-12, Kontra frühestens ab 14.

In Grenzfällen die Entscheidung des Kontras davon abhängig machen, ob man ein gutes Ausspiel hat.

Gegen starken SA:

Süd	West	Nord	Ost
			1SA
?			(15-17)

a) N / W O / S

♠ AK752
♥ B7
♦ KD64
♣ A6

X

b) N / W O / S

♠ D64
♥ KB7
♦ AD72
♣ KB2

Passe

Gegen schwachen SA:

Süd	West	Nord	Ost
			1SA
?			(12-14)

a)

♠ A D 3
♥ K 4
♦ D B 10 9
♣ D 9 6 5

X

b)

♠ A D 3
♥ K 4
♦ K 6 4 2
♣ B 9 6 5

Passe

a) Ein gutes Strafkontra. Mit 14 F befindet man sich an der Obergrenze der gegnerischen Sans-Atout-Stärke. Außerdem besitzt man in Karo ein verheißungsvolles Ausspiel.

b) Ein klares Passe. Nur 13 F und kein gutes Ausspiel. Hätte man 13 F und in Karo DB109 statt des leeren vierten Königs, hätte man eine Grenzentscheidung zu treffen, die wahrscheinlich viele gute Spieler zugunsten des Strafkontras entscheiden würden. Andererseits ist es mit 14 F ohne gutes Ausspiel klug zu passen.

2♦: 6er-Karo, oder 5er-Karo mit unbekannter 4er-Farbe

Wie einleitend zu diesem Kapitel gesagt, lässt sich die erforderliche Stärke schlecht in F-Punkten beziffern. Mit einer 6er-Farbe genügt es in Nichtgefahr, die Anforderungen an eine gute Sperrgegenreizung auf der Zweierstufe zu erfüllen. In Gefahr sollte das Blatt noch einen guten Seitenwert wie Ass oder König bzw. Dame, Bube besetzt haben.

Reizt der Gegner eine schwache 1SA-Eröffnung, kann man die Anforderungen an die Zwischenreizung geringfügig abschwächen. Doch auch hier ist Vorsicht angesagt: Immerhin weiß der linke Gegner, wieviele Punkte sein Partner hat und dass dieser kein Single hat. So kann er recht gut abschätzen, ob ein Strafkontra Sinn macht.

Keiner in Gefahr, Paarturnier

Süd	West	Nord	Ost
			1SA (15-17)
?			

a) N / W O / S
♠ A D
♥ D 8 6 4
♦ A B 6 5 2
♣ 6 3
Passe

b) N / W O / S
♠ 6
♥ B 10 9 7
♦ A D B 10 5 3
♣ 5 2
2♦

2♥, 2♠: 6er-Farbe, oder 5er-Farbe mit unbekannter 4er- oder 5er-Unterfarbe

Zur Stärke gelten die Aussagen zu 2♦ analog.

Alle in Gefahr, Teamturnier

Süd	West	Nord	Ost
			1SA (15-17)
?			

a) N / W O / S
♠ D B 10 9 6
♥ 6
♦ K D B 7 5
♣ 5 2
2♠

b) N / W O / S
♠ A D 9 8 7 6
♥ B 5
♦ D 8 2
♣ D 4
Passe

a) Mit 5-5-Verteilung und guten Mittelwerten sind die 9 F selbst in Gefahr und im Teamturnier vollkommen ausreichend (6 Verlierer).

b) Trotz guter 6er-Farbe ist in Gefahr von 2♠ abzuraten. Die kleinen Figuren in den kurzen Farben sind von zweifelhaftem Wert. Die Blattverteilung ohne Singleton spricht auch als Sekundärfaktor gegen eine Reizung.

3 in Farbe: 7er-Farbe, Sperrgebot.

Im Vergleich zu den Mindestanforderungen an eine Sperreröffnung auf der Dreierstufe sollte die lange Farbe noch etwas solider sein.

Keiner in Gefahr, Paarturnier

Süd	West	Nord	Ost
			1SA
3♠			

N / W O / S

♠ K D B 9 7 5 4
♥ 6
♦ B 10 7
♣ 6 3

1.2. LANDY

Die 2♣-Reizung ist konventionell und verspricht beide Oberfarben:

Meist mit Oberfarb-Zweifärber (mindestens 5-4); gute Farben; Gefahrenlage beachten!

Je länger die Farben und je besser die Mittelwerte (B, 10, 9) neben 1 oder 2 Topfiguren und je günstiger die Gefahrenlage - desto weniger Figurenpunkte nötig!

Alle in Gefahr, Paarturnier

Süd	West	Nord	Ost
			1SA
?			(15-17)

a)	b)	c)
♠ K 8 6 4	♠ K B 10 5	♠ D B 10 9 6
♥ K 9 6 5 4	♥ D B 10 8 5	♥ D B 10 6 3
♦ A 6	♦ A 9 6	♦ 6 4 2
♣ B 6	♣ 6	♣ –
Passe	2♣	2♣

a) Die Farben sind zu schlecht. 2-2 in Unterfarben ist außerdem ungünstiger als 3-1.

b) Die guten Mittelwerte rechtfertigen die 2♣-Reizung.

c) Die idealen 6 Figurenpunkte!

Landy mit 4-4 in Oberfarben ist prinzipiell möglich, aber sehr riskant!

- Mindestens gute Eröffnungsstärke und gute Farben.
- Gefahrenlage beachten!
- Am ehesten in Nichtgefahr gegen schwache SA-Eröffnungen.

Keiner in Gefahr, Paarturnier

Süd	West	Nord	Ost
			1SA
?			(12-14)

a) N / W O / S
♠ A 8 5 3
♥ D 8 5 3
♦ A D 2
♣ B 5
Passe

b) N / W O / S
♠ K D 10 4
♥ A B 10 9
♦ D B 9
♣ 5 3
2♣

a) Die Farben sind zu schlecht.

b) Für die Aktion mit 2♣ sprechen nicht nur die Mittelwerte, sondern auch Turnierform und Gefahrenlage. Wenn der Gegner 1SA erfüllen kann (-90), ist es in Nichtgefahr günstiger, einmal in einem eigenen Kontrakt zu fallen (-50).

In Gefahr würde dieser eine Faller -100 kosten, also mehr als erfüllte 1SA vom Gegner.

Die Kontraktentscheidung beim Partner des 2♣-Reizers:

In der Regel bietet der Partner des Landy-Reizers seine bessere Oberfarbe auf der 2er-Stufe, auch mit lediglich 3 Trümpfen:

N / W O / S
♠ K 4
♥ 7 6 2
♦ A 7 5 3
♣ B 10 9 6

Süd	West	Nord	Ost
	1SA	2♣	p
2♥			

Für den zum Erfüllen gedachten <u>Sprung ins Oberfarb-Vollspiel</u> benötigt der Antwortende guten Fit mit 4 Trümpfen und etwa Eröffnungsstärke.

Dabei ist zu beachten, wie die Gefahrensituation für den Partner ist. Bei günstiger Gefahrenlage hat der Partner eventuell etwas schwächer zwischengereizt.

Außerdem sind kleine Figuren in den Unterfarben abzuwerten, in den Oberfarben aufzuwerten:

Alle in Gefahr

N
W O
S

♠ K 8 6 4
♥ D B
♦ A 7 6 5 3
♣ 9 5

Süd	West	Nord	Ost
	1SA	2♣	p
4♠			

Je nach Gefahrenlage und Blattverteilung kann der Sprung ins Oberfarbvollspiel auch als Sperre gereizt werden.

<u>3 in Oberfarbe:</u> mindestens 4 Trümpfe, Einladung zum Oberfarb-Vollspiel.

Die hierfür erforderliche Stärke hängt stark von der Risikosituation und Risikofreudigkeit des Partners ab.

Hätte Nord im letzten Beispiel 2♣ bei günstiger Gefahrenlage geboten, wäre es wohl angemessen, nicht gleich ins Vollspiel zu springen, sondern nur einzuladen.

<u>Passen</u> auf 2♣ ist möglich: Mit langer Treff-Farbe und Kürzen in beiden Oberfarben.

N
W O
S

♠ 6
♥ B 3
♦ D 7 5 4
♣ D 10 9 5 4 2

Süd	West	Nord	Ost
	1SA	2♣	p
p			

2♦: Konventionell! Partner soll seine längere Oberfarbe auf der Zweierstufe bieten:

N
W O
S

♠ D 8 6
♥ 10 7 2
♦ D 6
♣ A 9 7 5 2

Süd	West	Nord	Ost
	1SA	2♣	p
2♦			

Diese Konvention kann man auch benutzen, wenn man Vollspiel-Ambitionen hat:

N
W O
S

♠ 7
♥ D 9 8
♦ K D 10 8
♣ A D 8 6 3

Süd	West	Nord	West
	1SA*	2♣	p
2♦	p	2♠	p
2SA			

*) 12-14

2SA ist einladend zu 3SA.

Hätte der Partner auf 2♣ mit 2♥ geantwortet, käme ein Vollspiel in Coeur sehr in Betracht.

2SA: natürlich, einladend (insbesondere wichtig gegen schwache Sans Atout-Eröffnungen); verneint tendenziell Oberfarb-Fit.

N
W O
S

♠ B 5
♥ 10 9
♦ K D B 8 6
♣ A B 10 6

Süd	West	Nord	West
	1SA*	2♣	p
2SA			

*) 12-14

Darauf reizt Partner (der Landy-Reizer):

- mit Minimum pass, mit Maximum 3SA;
- mit guten 5-5 in OF längere UF auf 3er-Stufe.
- mit Minimum und einer 6er-OF (andere OF mindestens zu viert): 3 in OF
- mit Maximum und einer 6er-OF (andere OF mindestens zu viert): 4 in OF

3♣ oder 3♦: zeigt gute lange Farbe, einladend.

♠ 7 4
♥ D 2
♦ A K D 10 7 4
♣ 6 4 2

Süd	West	Nord	West
	1SA	2♣	p
3♦			

Wie reagiert der Landy-Reizer darauf?

Süd	West	Nord	West
	1SA	2♣	p
3♦	p	?	

a) ♠ D B 9 8 6
♥ A B 10 6 5
♦ 5
♣ 5 3

Passe

b) ♠ D B 9 8 6
♥ A B 10 7
♦ B 2
♣ K 9

3SA

c) ♠ K D 8 6 4
♥ A K 10 9
♦ B 3 2
♣ 5

5♦

Kontriert der Gegner 2♣:

- jetzt zeigt Passe gleiche Länge in Oberfarben,
- 2♦ verspricht dagegen eine lange Karofarbe:

♠ 9 6 2
♥ A 7 5
♦ 9 8 7 6
♣ 7 4 2

Süd	West	Nord	Ost
	1SA	2♣	X
p			

N
W O
S

♠ 5 3
♥ 7 5
♦ B 9 8 6 5 4
♣ B 9 8

Süd	West	Nord	Ost
	1SA	2♣	X
2♦			

1.3. UNUSUAL 2SA

Gegen eine 1SA-Eröffnung ist 2SA ein ungewöhnliches Gebot:
2 SA: 5-5 in Unterfarbe (Anforderungen wie bei Michaels Präzis)

Keiner in Gefahr, Paarturnier

N
W O
S

♠ 5
♥ 7 4
♦ D B 10 7 5
♣ A D B 8 6

Süd	West	Nord	Ost
			1SA
2SA			(15-17)

2. DIE ANSAGEN IN 4.HAND GEGEN 1SA

2.1. DER GEGNER IN 3.HAND PASST

Die Situation :

Süd	West	Nord	Ost
1SA	p	p	?

Es gelten in etwa die gleichen Regeln wie für eine Gegenreizung in 2.Hand. Mit einer guten Farbe kommt eine Gegenreizung jedoch noch eher in Betracht als in 2.Hand. Insbesondere, weil zu fürchten ist, dass der Partner das Ausspiel dieser Farbe gegen 1SA nicht findet.

2.2. DER GEGNER IN 3.HAND REIZT AUF DER ZWEIERSTUFE KONVENTIONELL (STAYMAN ODER TRANSFER)

Reizt der Partner des 1SA-Eröffners konventionell, i.d.R. Stayman oder Transfer, sind einige besondere Regeln zu beachten:

Cue Bid in der vom Gegner durch Transfer versprochenen 5er-OF:
starkes Info-Kontra mit Kürze in der gereizten Farbe

♠ –
♥ K D 6 5
♦ A 10 9 7
♣ K D 10 8 5

Süd	West	Nord	Ost
	1SA	p	2♥ *
2♠			

*) Transfer auf Pik

Alle anderen Farbreizungen: natürlich

2 SA: 5-5 in UF

Kontra: Die Bedeutung des Kontras hängt von der Stärke der gegnerischen SA-Reizung ab:

- Gegner spielt starken Sans-Atout (Mindeststärke 14 F)
  Kontra: gute Farbe, Ausspielmarke

♠ A K 5
♥ 8 6 5
♦ 6 2
♣ K D B 6 2

Süd	West	Nord	Ost
	1 SA	p	2♣
X			

➠ Gegner spielt schwachen Sans-Atout (Mindeststärke weniger als 14 F)

Kontra: Strafkontra gegen SA, mindestens 3er-Länge in kontrierter Farbe

	N	
W		O
	S	

♠ A K 7 5
♥ K B 4
♦ A 7 3
♣ D 10 9

Süd	West	Nord	Ost
	1 SA*	p	2♦ **
X			

(*Transfer)
(**12-14)

Gegen eine schwache 1 SA-Eröffnung ist es wichtig, auch in 4.Hand eine starke Hand zeigen zu können. Ansonsten könnte sich der schwache Gegner mit Hilfe von Stayman oder Transfer vor einem drohenden Strafkontra mühelos retten.

Jedes Folgekontra der eigenen Partei ist nun Strafkontra.

ZUSAMMENFASSUNG ZU KAPITEL I.

Die Bedeutung der Ansagen gegen 1SA:

- ➠ Natürliche Ansagen:
  - ➠ Kontra: Strafkontra, ab Obergrenze der gegnerischen SA-Stärke. Sollte der Gegner superleichte SA-Eröffnungen spielen, z.B. 10-12, Kontra frühestens ab 14.
  - ➠ 2♦: 6er-Karo, oder 5er-Karo mit unbekannter 4er-Farbe
  - ➠ 2♥, 2♠: 6er-Farbe, oder 5er-Farbe mit unbekannter 4er- oder 5er-Unterfarbe
  - ➠ 3 in Farbe: 7er-Farbe, Sperrgebot.

- ➠ Konventionelle Ansagen:
  - ➠ 2♣: LANDY = beide Oberfarben
  - ➠ 2SA: 5-5 in Unterfarbe (Anforderungen wie bei Michaels Präzis)

- besondere Antworten auf 2♣-Landy:
  - 2♦: Partner soll seine längere Oberfarbe auf 2er-Stufe bieten;
  - Kontriert der Gegner 2♣: jetzt zeigt PASS gleiche Länge in Oberfarben, 2♦ verspricht dagegen eine lange Karofarbe.
  - 3 in Oberfarbe: mindestens 4 Trümpfe, Einladung zum Oberfarb-Vollspiel
  - 2SA: natürlich, einladend (insbesondere wichtig gegen schwachen SA); verneint tendenziell Oberfarb-Fit.

    Darauf reizt Partner:
    - mit Minimum pass, mit Maximum 3SA;
    - mit guten 5-5 in OF längere UF auf 3er-Stufe.
    - mit Minimum und einer 6er-OF (andere OF mindestens zu viert): 3 in OF
    - mit Maximum und einer 6er-OF (andere OF mindestens zu viert): 4 in OF
  - 3 in Unterfarbe: gute lange Farbe, einladend.

Gegenreizung gegen 1SA in 4.Hand:

- Der Gegner in 3.Hand passt: Regeln analog zur 2.Hand; gute Farbe im Zweifel reizen.
- Der Gegner in 3.Hand reizt auf der 2er-Stufe konventionell (Stayman oder Transfer):
  - Reizung der vom Gegner durch Transfer versprochenen 5er-OF: starkes Info-Kontra mit Kürze in der gereizten Farbe
  - Alle anderen Farbreizungen: natürlich
  - 2 SA: 5-5 in UF
  - Kontra gegen starken SA (Mindeststärke 14 F): gute Farbe, Ausspielmarke
  - Kontra gegen schwachen SA (Mindeststärke unter 14 F): Strafkontra mit mindestens 3er-Länge in kontrierter Farbe

Übungen zu Kapitel I.

① N / W O / S — Nord/Süd in Gefahr, Paarturnier

♠ D B 8 4
♥ A B 6 3
♦ K D 4
♣ 7 3

Süd	West	Nord	Ost
			1SA*
?			

*) 15-17

② N / W O / S — Keiner in Gefahr, Paarturnier

♠ K D 10 8
♥ D B 10 9 2
♦ 7 5 4
♣ 8

Süd	West	Nord	Ost
			1SA*
?			

*) 15-17

③ N / W O / S — Alle in Gefahr, Teamturnier

♠ 9 8
♥ 9 7
♦ A K 6 4
♣ 10 7 5 3 2

Süd	West	Nord	Ost
	1SA*	2♣	p
?			

*) 16-19

④ N / W O / S — Ost/West in Gefahr, Paarturnier

♠ D 10 9 8 3
♥ A K 10 6
♦ 7 5
♣ 6 4

Süd	West	Nord	Ost
			1SA*
2♣	X	2♦	p
?			

*) 14-16

⑤ N / W O / S — Alle in Gefahr, Teamturnier

♠ A 7 4 2
♥ D 7 6 5
♦ 7 5
♣ K 9 6

Süd	West	Nord	Ost
			1SA*
p	2♣ **	X	p
p	2♥	p	p
?			

*) 12-14, **) Nonforcing Stayman

Lösungen:

① Passe. Mit nur 4-4 in Oberfarben ist Landy gegen starken Sans Atout verlustträchtig. Insbesondere in Gefahr und mit schlechten Mittelwerten.

---

② 2♣. Der Zweifärber, die guten Mittelwerte, die Gefahrenlage sowie die Turnierform sprechen für eine Reizung. 2♣ zeigt beide Oberfarben.

---

③ 2♦. Konventionell. Dies fordert den Partner auf, seine längere Oberfarbe zu reizen. Der 5-2-Fit mit hoffentlich guter Oberfarbe beim Partner ist höchstwahrscheinlich besser spielbar als 2♣. Die Treff-Farbe ist von schlechter Qualität, und Nord könnte ein Single in Treff haben.

---

④ Passe. Der Partner muss eine lange Karo-Farbe haben. Wollte er die längere Oberfarbe hören, würde er nach Gegners Kontra passen.

---

⑤ Kontra. Partners Kontra auf Stayman zeigt nach einer schwachen 1SA-Eröffnung mindestens 14 F und mindestens 3er-Treff. Partners Kontra lädt zur Kooperation ein.
Nord-Süd haben klar die Majorität der Figurenpunkte. Mit 4er-Coeur muss Süd nun strafkontrieren. Nach einem Stärke zeigenden Kontra ist jedes weitere Kontra ein Strafkontra!

Merke:
Für die Entscheidung einer Gegenreizung nach Gegners 1SA-Eröffnung sind neben der Anzahl der Figurenpunkte folgende Kriterien maßgeblich:
Die Farblängen, die Mittelwerte und die Gefahrenlage.
In Grenzfällen können als Sekundärfaktoren die Turnierform und die Stärke des Gegners berücksichtigt werden.

II. NACH SCHWACHEN ZWEIERERÖFFNUNGEN

Das Thema dieses Kapitels:

Der Gegner beginnt die Reizung mit 2♥ oder 2♠ als natürliche schwache Sperreröffnung (Weak Two). Wie kann man den verbleibenden Bietraum sinnvoll nutzen?

Spielt der Gegner auch 2♦ als natürliche schwache Eröffnung, gelten gegen 2♦ die nachfolgenden Aussagen analog.

1. NATÜRLICHE FARBGEGENREIZUNG

1.1. DIE FARBGEGENREIZUNG IN 2.HAND

Für die Reizung gegen schwache Zweiereröffnungen sind zwei Grundsätze wichtig:

- Je höher man gegenreizt, desto höher ist die Mindeststärke des Gebotes.
- Gegen Sperreröffnungen gibt es keine Sperrgegenreizungen. Alle Sprünge sind stark.

Die Bedeutung der natürlichen Farbgebote im Einzelnen:

2 in neuer Farbe: mindestens 5er, 11-18 FL

Süd	West	Nord	Ost
			2♥
2♠			

Ein Minimum-Beispiel:

N / W O / S

♠ K B 9 7 5
♥ B 5 3
♦ A B 10
♣ 6 2

Ein Maximum-Beispiel:

N / W O / S

♠ A K B 9 5
♥ A 7
♦ K D 10 4
♣ 7 3

3 in neuer Farbe (ohne Sprung): meist 6er, 13-18 FL; sehr gute 5er-Farbe ab ca. 15 FL möglich

Süd	West	Nord	Ost
			2♠
3♣			

Ein Minimum-Beispiel:

	N	
W		O
	S	

♠ 7
♥ D 6 2
♦ K 6 4
♣ A D 10 8 6 4

Ein Maximum-Beispiel:

	N	
W		O
	S	

♠ 7 6
♥ A D
♦ K D 3
♣ K D 10 9 3 2

Sprung auf 3 in neuer Farbe: gute 6er-Farbe, 17-19 FL

	N	
W		O
	S	

♠ K D B 9 8 3
♥ 7 5
♦ A K 7
♣ K 7

Süd	West	Nord	Ost
			2♥
3♠			

Sprung ins Oberfarb-Vollspiel: mindestens gute 7er-Farbe, ca. 8 Spielstiche

	N	
W		O
	S	

♠ 2
♥ A K B 10 7 6 3
♦ B 8
♣ A D 2

Süd	West	Nord	Ost
			2♠
4♥			

1.2. ANTWORTEN AUF FARBGEGENREIZUNG

Durch Gegners Sperreröffnung ist der Bietraum knapp geworden. Häufig steht man als Partner des Farbgegenreizers vor einer schweren Entscheidung: Soll man passen, oder eine Reizung riskieren? Hat Partner Minimum, würde man besser passen; ist er stärker, könnte man ein Vollspiel verpassen.

Die Empfehlung lautet: Reicht beim Partner mittlere Stärke im Rahmen seines Gebotes, um berechtigte Vollspielchancen zu haben, sollte man reizen.

<u>Fit zu Partners Oberfarbe:</u>

Die Stärke der Hebung von Partners gegengereizter Oberfarbe hängt von der Stufe ab, auf der der Partner gegenreizt.

Bietet er auf der <u>Zweierstufe</u>, liegt einerseits die Minimumstärke von Partners Gebot niedriger, andererseits steht mehr Bietraum zur Verfügung. Nach einer Gegenreizung auf der Zweierstufe zeigt der direkte Überruf der Gegnerfarbe zwingend Fit. Ohne Fit stehen forcierende Farbgebote unterhalb von 3SA zur Verfügung.

Süd	West	Nord	Ost
	2♥	2♠	p
?			

3♠ = ca. 8-11 FV
3♥ = ca. ab 12 FV
4♠ = ca. 13-15 FV, mind. 4 Trümpfe

a) N W O S	b) N W O S	c) N W O S	d) N W O S
♠ 9 7 5	♠ K 7 5	♠ K 7 5	♠ K 7 5 3
♥ K 5 3	♥ 6 3	♥ A 6	♥ 7 5
♦ D B 7 5	♦ D B 7 5	♦ D 10 7 5	♦ K 10 8 6 4
♣ D 6 4	♣ D 6 4 2	♣ D 6 4 2	♣ K 9
Passe	3♠	3♥	4♠

a) Der vor der Coeur-Eröffnung sitzende Coeur-König muss abgewertet werden.

b) Mit Fit könnte Partners Blatt bis zu 20 FV wert sein. Mit 9 FV macht Süd eine sogenannte Höflichkeitshebung.

c) Antwortet Nord 3♠, um Minimum zu zeigen, wird Süd passen.

d) Mit 14 FV und 4 Trümpfen riskiert Süd den Sprung ins Vollspiel.

Nach einer Oberfarb-Gegenreizung auf der Dreierstufe bleibt für die Einladung zum Vollspiel kein Raum mehr. Die Hebung ins Vollspiel ist schon die sparsamste Unterstützung.

Außerdem verspricht der Überruf der Gegnerfarbe nicht unbedingt Fit. Man benötigt den Überruf auch ohne Fit, um auszuloten, ob 3SA spielbar ist. Darum muss der erste Gegenreizer mit Stopper in Gegnerfarbe vorrangig 3SA bieten.

Süd	West	Nord	Ost
	2♠	3♥	p
?			

4♥ = ca. 10-15 FV
3♠ = a) Fit, ab ca. 16 FV
b) ohne Fit ab ca. 10 F, Frage nach Stopper

a)	b)	c)	d
♠ 9 7	♠ 9 7	♠ 9 7	♠ B 6 4
♥ 10 7 5	♥ 10 7 5	♥ K 7 5	♥ 7 5
♦ 5 4 3 2	♦ K 7 5 3	♦ K D 6 4	♦ K B 6 4
♣ A D 6 2	♣ A D 6 2	♣ A D 6 2	♣ A D 6 2
Passe	4♥	3♠	3♠

a) Die Chancen für 4♥ sind zu schlecht. Dafür muss Partner schon Maximum haben.

b) Hat Partner 6er-Coeur, ist das Blatt 12FV wert. 4♥ sollte gute Chancen haben.

c) 14F sowie 16-17 FV sind zuviel, um sich von vorneherein mit Vollspiel zufrieden zu geben. Bietet Partner nun 3SA, folgt 4♥. Die Sequenz zeigt ein Blatt, das zu stark war, um sogleich 4♥ zu bieten; also ein Blatt mit mildem Schlemminteresse.

d) Süd will wissen, ob Nord Pik-Stopper besitzt. Auf 3SA wird Süd passen.

Fit zu Partners Unterfarbe:

Hat man Vollspielambitionen, ist 3SA das erste Ziel:

- Auf 3♣ oder 3♦ wird man mit gutem Stopper in Gegnerfarbe ab etwa 9-10 F 3SA reizen.
- Ohne ausreichenden Stopper kann man die Gegnerfarbe überrufen. Dies fordert den Partner auf, mit Stopper in Gegnerfarbe 3SA zu bieten.

Die Hebung auf 4 in Unterfarbe ist eine sehr seltene Reizung. Sie zeigt sehr guten Fit mit attraktiver Verteilung und erhebliches Schlemminteresse. Immerhin schließt man 3SA als Endkontrakt aus.

Die Hebung auf 5 in Unterfarbe ist ebenfalls selten. Sie zeigt sehr guten Fit mit extremer Verteilung und eher wenig Figurenpunkten.

Süd	West	Nord	Ost
	2♠	3♦	p
?			

a)

N
W O
S

♠ D 10 9 6
♥ D 5
♦ D 6 4
♣ A 10 7 5

3SA

b)

N
W O
S

♠ 6 4 2
♥ A D 2
♦ D 6 4
♣ K 10 8 5

3♠

c)

N
W O
S

♠ 8 6 5 3
♥ –
♦ D 7 6 5 3 2
♣ K 6 3

5♦ (?)

Neue Farbe: natürlich und forcierend, ab ca. 9-10 F

N
W O
S

♠ K D 8 6 4
♥ 7 3
♦ A B 7 5
♣ B 4

Süd	West	Nord	Ost
	2♥	3♣	p
3♠			

Der erste Gegenreizer reizt darauf:

- mit Pik-Anschluss 4♠,
- ohne Pik-Fit, aber mit Coeur-Stopper 3SA,
- 4♦ würde nicht nur Karo als 2.Farbe, sondern gleichzeitig Zusatzstärke zeigen (Reverse)
- 4♣ macht die Treff-Farbe nicht unbedingt länger; es kann ein Notgebot sein.
- 4♥ zeigt Pik-Fit (oberhalb von 3SA!) und Maximum, also Schlemminteresse.

1.3. FARBGEGENREIZUNG IN 4.HAND

Es gelten analoge Regeln wie für die Farbgegenreizung in 2.Hand. Allerdings ist zu unterscheiden, ob der Partner des Eröffners gepasst oder gereizt hat.

Die Wiederbelebung:

Nur die Untergrenze für eine Farbgegenreizung ermäßigt sich um 1 bis 2 Punkte.

N
W O
S

♠ D 10 7 5 3
♥ 7 5 3
♦ 6
♣ A K 7 4

Süd	West	Nord	Ost
	2♥	p	p
2♠			

Nach Reizung des rechten Gegners:

Nach einer einfachen Hebung, die im allgemeinen nicht einladend ist, soll man die Chance zu einem möglichen Gebot nutzen, um sich nicht von einem möglicherweise schwachen Gegner aus der Reizung boxen zu lassen.

N
W O
S

♠ A B 9 6 5
♥ 7
♦ A D 7
♣ D 9 7 5

Süd	West	Nord	Ost
	2♥	p	3♥
3♠			

Auch nach einem forcierenden konventionellen 2SA-Gebot des rechten Gegners ist Respekt nur in Grenzen angebracht, immerhin hat der 2SA-Reizer in der Regel Fit.

N
W O
S

♠ 7 2
♥ 6 4
♦ K D B 8 6 4
♣ A B 3

Süd	West	Nord	Ost
	2♠	p	2SA
3♦			

Sollte Partner schwach sein, findet er nun immerhin den Karo-Angriff. Ein interessanter Nebenaspekt ist noch darin zu sehen, dass Sie den Gegner bei seiner konventionellen Antwort behindern. Sie dürfen gespannt sein, ob Sie mit Ihrer Störung den Gegner nicht zu einem Bietmissverständnis provozieren.

Bietet der rechte Gegner allerdings eine neue Farbe, ist Vorsicht angesagt. Denn dies deutet auf eine Misfit-Situation hin.

2. INFORMATIONSKONTRA

2.1. DAS INFORMATIONSKONTRA IN 2.HAND

Im Vergleich zum Informationskontra auf der Einerstufe wird die Untergrenze um einen Punkt angehoben. Ansonsten gelten die normalen Regeln für ein Informationskontra.

Kontra:

- ab 13F, Spielbereitschaft in den Restfarben, insbesondere in der nicht gereizten Oberfarbe,
- ab 19FL mit (fast) beliebiger Verteilung.

Süd	West	Nord	Ost
			2♠
?			

a)	b)	c)	d)
N / W O / S	N / W O / S	N / W O / S	N / W O / S
♠ K D 5	♠ 8 4	♠ B 7 5	♠ 8 6
♥ A D 5 4	♥ K 9 6 4	♥ A K 5	♥ K 9 7 5 3
♦ 7	♦ A D 7	♦ K B 10 9 7	♦ A K 5
♣ K 7 6 4 3	♣ K B 10 8	♣ A K	♣ K 5 2
Passe	X	X	X

a) Die fehlende Spielbereitschaft in Karo spricht eindeutig gegen ein Informationskontra. Für 3♣ ist die Treff-Farbe deutlich zu schlecht.

b) Die typische Hand für ein Minimum-Informationskontra.

c) Für 3♦ ist das Blatt zu stark.

d) Für ein 3♥-Gebot ist die Coeur-Farbe zu schwach. Die Spielbereitschaft für die Unterfarben ist auch in etwa gegeben. Kontra ist die beste Alternative.

2.2. ANTWORTEN AUF INFORMATIONSKONTRA (MIT LEBENSOHL)

Da man bekanntlich auf das Informationskontra auch mit null Punkten reizen muss, wird es nach einem Informationskontra auf der Zweierstufe sehr problematisch, die Stärke des Blattes hinreichend zu differenzieren. Es fehlt der Bietraum!

Süd	West	Nord	Ost
	2♥	X	p
?			

a)	b)
N / W O / S	N / W O / S
♠ 8 5	♠ A 7 6
♥ B 7 2	♥ 8 7 2
♦ 8 6 4 2	♦ K 7
♣ 9 5 3 2	♣ D 7 5 4 2

Ohne eine hilfreiche Konvention an dieser Stelle, müsst man wohl mit beiden Blättern 3♣ bieten. Besitzt der Partner dann zum Beispiel 17 F, ist es absolute Glücksache, ob er sich jeweils richtig für Passen oder Weiterreizen entscheidet.

Die Problematik des knappen Bietraums nach Info-Kontra auf Weak Two ähnelt sehr der Situation nach eigener 1SA-Eröffnung und Gegners Zwischenreizung mit 2♥ oder 2♠ (FORUM D PLUS – Die Wettbewerbsreizung), B,I.1.) Auch dort benötigt der Antwortende eine Konvention, um bei dem verknappten Bietraum noch hinreichend sein Blatt beschreiben zu können. Die dort kennengelernte Lebensohl-Konvention kommt darum auch hier zum Einsatz.

Mit Hilfe der Lebensohl-Konvention differenziert man die obigen Beispiele a) und b) wie folgt:

a) Süd bietet 2SA = Lebensohl. Mit einem normalen Informationskontra muss Nord nun 3♣ bieten. Darauf passt Süd.

b) Süd bietet direkt 3♣. Dies verspricht mindestens 4er-Treff, 8-10 F, evtl auch 11F.

<u>Die Bedeutung der Antworten auf Informationskontra:</u>

2 in Oberfarbe: mind. 4er, 0-7 F

N
W O
S

♠ 5 4 3 2
♥ B 10 6 4
♦ 6 4
♣ 7 4 2

Süd	West	Nord	Ost
	2♥	X	p
2♠			

3 in neuer Farbe: mind. 4er, 8-10(11) F

N
W O
S

♠ D B 2
♥ 7 5 2
♦ D B 5 2
♣ K 10 6

Süd	West	Nord	Ost
	2♠	X	p
3♦			

Süd muss sich davor hüten, 2SA natürlich bieten zu wollen. 2SA ist Lebensohl!

Sprung auf 3 in Oberfarbe: 5er, 8-10 F

♠ D 9 6 4 2
♥ A 6
♦ K 7 5 4
♣ 6 2

Süd	West	Nord	Ost
	2♥	X	p
3♠			

Überruf Gegnerfarbe: partieforcierend, oft mit 4 in anderer OF, ohne Stopper

♠ D 7 5 4
♥ 8 5
♦ D 2
♣ A K D 6 4

Süd	West	Nord	Ost
	2♥	X	p
3♥			

Auch hier gilt der Grundsatz, dass man mit nur 4 Trümpfen auf Partners Informationskontra nicht direkt ins Vollspiel springt. Denn Partner hat manchmal keine 4er-Länge in der anderen Oberfarbe.

3 SA: ab 12 F, ohne Stopper, ohne 4er-OF

♠ 8 5 3
♥ B 10
♦ K D B 7
♣ A K 6 3

Süd	West	Nord	Ost
	2♠	X	p
3SA			

2 SA: Lebensohl!!

Partner soll 3♣ bieten (Relais). Entweder 0-7 F oder stark mit Stopper

Süd	West	Nord	Ost
	2♠	X	p
2SA			

a)
♠ 7 6 3
♥ D 7 4 2
♦ B 8 5 3
♣ 6 2

b)
♠ A D 6
♥ 8 5
♦ K D 6 4 3
♣ D 6 4

c)
♠ K B 6
♥ D 9 6 5
♦ A B 10
♣ B 8 6

Mit allen 3 Händen zunächst 2SA.

a) Auf das geforderte 3♣ bietet Süd dann 3♥. Damit weiß Partner: 0-7 F mit mindestens 4er-Coeur.

b) Auf 3♣ bietet Süd 3SA, um ein Blatt ab guten 11F mit Pik-Stopper und ohne 4er-Coeur zu zeigen.

c) In der nächsten Bietrunde will Süd 3♠ bieten. Jetzt weiß Partner: ab guten 11F, mit Pik-Stopper (da langsam über 2SA gereizt), mit 4er-Coeur (ohne 4er-Coeur würde Süd 3SA statt 3♠ bieten).

Da die Weiterreizung nach Lebensohl 2SA und 3♣-Antwort in Analogie zur Situation nach 1SA-Eröffnung abgegeben werden, wird dies hier nicht weiter vertieft.

Im Gegensatz zur Situation des 1SA-Eröffners kann der Informationskontra-Geber jedoch ein Blatt haben, mit dem er auf 2SA das geforderte 3♣ verweigert.

Wann bietet der Informationskontra-Geber auf 2SA nicht 3♣?

- ab 19 FL
- ab 16 FL, wenn man in Treff nicht spielbereit ist.

Süd	West	Nord	Ost
			2♥
X	p	2SA	p
?			

a) Süd:
♠ A K 6 3
♥ B 7 5
♦ A K B 9 6
♣ 7

3♦

b) Süd:
♠ A K 8 2
♥ A D
♦ B 5
♣ A K 10 9 6

3SA

c) Süd:
♠ A D 8 6
♥ 8 6
♦ A K D 5
♣ 9 6 4

3♣

a) Süd hat kein ideales Informationskontra; aber Kontra ist besser als mögliche Alternativen. Nun darf Süd allerdings nicht den Fehler machen und schematisch 3♣ bieten. Für das Ausbrechen muss Süd über mindestens 16FL verfügen.

b) Mit 22FL und Doppelstopper in Coeur riskiert Süd die Vollspielansage. Man kann nicht mehr herausfinden, ob Nord eher null, oder eher 7 F-Punkte besitzt.

c) Mit normaler Eröffnungsstärke muss Süd in jedem Fall 3♣ bieten. Sollte Nord auf 3♣ passen, besteht immerhin die Hoffnung, dass er mehr als 4 Treff-Karten besitzt.

4 in Oberfarbe: 5er-Länge, ab 11 F

Süd:
♠ 10 6 4 2
♥ K D 8 5 3
♦ A 6
♣ K 9

Süd	West	Nord	Ost
	2♠	X	p
4♥			

4♣ oder 4♦: Einfärber mit Schlemminteresse

♠ 3
♥ A 6
♦ A D B 7 5 4 2
♣ K 5 4

Süd	West	Nord	Ost
	2♠	X	p
4♦			

Darauf bietet der Partner (der Informationskontra-Geber):

neue Farbe	= Kontrollgebot (die Trumpffarbe ist festgelegt)
4SA	= Bremse, Vorschlag zum Spielen, mit Stopper.
5 in Partnerfarbe	= Minimum, ohne Stopper

<u>Der Partner des Eröffners passt nicht:</u>

Es gilt weitestgehende Analogie zur Situation nach Informationskontra auf der Einerstufe (vgl. A II.2.2.):

- Reizung ist ein freiwilliges Gebot und zeigt einige Punkte;
- Kontra auf neue Farbe zeigt die vom Gegner neu gereizte Farbe;
- hebt der rechte Gegner die Eröffnungsfarbe ist Kontra responsive;
- Sans Atout-Gebote sind nicht konventionell, sie zeigen Stopper in der Eröffnungsfarbe (kein Lebensohl!)

2.3. INFORMATIONSKONTRA IN 4.HAND

<u>Wiederbelebungskontra:</u>

Nach Sperreröffnungen ab der Zweierstufe ist das Wiederbelebungskontra von besonderem Interesse. Der Partner in 2.Hand könnte das Kontra in ein Strafkontra verwandeln wollen. Nach schwachen Zweiereröffnungen tritt diese Situation sehr viel häufiger auf als nach Einereröffnungen.

Mit Singleton in Gegnerfarbe und Spielbereitschaft für die Restfarben genügen schon 8 F für ein Wiederbelebungskontra.

Süd	West	Nord	Ost
	2♠	p	p
?			

a) N / W O / S
♠ 8
♥ D 8 5 3
♦ A 7 5 4
♣ D 10 9 8
X

b) N / W O / S
♠ B 8 5
♥ D 8 5 3
♦ A 7 5
♣ K 10 9
Passe

a) Die Wahrscheinlichkeit ist nicht gering, dass der Partner auf Nord Pik-Stiche hat und stark ist. Hat er kein Strafpass und reizt eine Farbe, ist es auch recht.

b) Die Verteilung spricht eindeutig gegen ein Informationskontra. Außerdem ist es sehr unwahrscheinlich, dass der Partner ein Strafpass hat. Eher ist Ost der Spieler mit dem stärksten Blatt; der nur gepasst hat, weil er kurz in Pik ist. Nun lauert er darauf, dass Nord/Süd sich in die Reizung wagen. Vielleicht kann Ost die Restfarben strafkontrieren?

<u>Antworten auf Wiederbelebungskontra:</u>

Wegen des knappen Bietraums, aber auch aus mnemotechnischen Gründen, ist es sinnvoll, nach einem Wiederbelebungskontra die Bedeutung der Antworten auf Informationskontra in 2.Hand beizubehalten, also mit Lebensohl und mit unveränderten Punktzonen.

Nur wenn das Wiederbelebungskontra von einer gepassten Hand abgegeben wird, macht Lebensohl keinen Sinn mehr. Dann ist 2SA natürlich und zeigt etwa 13-14 F.

<u>Nach Reizung des rechten Gegners:</u>

Hat der Gegner in 3.Hand gereizt, zeigt ein Informationskontra mindestens gute Eröffnungsstärke und Spielbereitschaft für die Restfarben.

3. SANS-ATOUT-GEGENREIZUNG

3.1. 2SA UND 3SA IN 2.HAND

2SA und 3SA sind natürliche Gebote:

2 SA: 16 –18 (19-) FL, Stopper, tendenziell ausgeglichen verteilt

N
W O
S

♠ D B 6
♥ A D 9
♦ D 7
♣ K D 9 7 5

Süd	West	Nord	Ost
			2♥
2SA			

3 SA: ab 19+ FL, Stopper, entweder ausgeglichen oder mit langer Unterfarbe

Süd	West	Nord	Ost
			2♠
3SA			

a)
N
W O
S

♠ K B 8
♥ A 9 6 4
♦ K D B 4
♣ A D

b)
N
W O
S

♠ K 8
♥ A 6
♦ B 10 5
♣ A K D B 6 4

Mit beiden Händen 3SA.

3.2. ANTWORTEN AUF 2SA UND 3SA

Sowohl nach 2SA als auch nach 3SA gelten die Regeln analog, die nach der 1SA-Gegenreizung gelten, wenn der Gegner mit 1♥ oder 1♠ eröffnet hat (A III.2.).

Sie seien hier für eine Beispielsituation nochmals vorgestellt:

Süd	West	Nord	Ost
	2♠	2SA	p
?			

3♣ = Transfer auf Karo, ab 0 Punkten:

♠ 8
♥ 7 5 4
♦ D 9 7 6 5 3
♣ 7 4 2

Mit dieser Hand wird Süd nach Partners 3♦ passen.

3♦ = Transfer auf Coeur, ab 0 Punkten:

♠ 8 7
♥ D B 9 7 6
♦ A B 10 5
♣ 8 6

Wenn Partner 3♥ bietet, wird man mit dem Süd-Blatt 3SA ansagen, um Nord zwischen 3SA und 4♥ wählen zu lassen.

3♥ = der unmögliche Transfer in Gegnerfarbe übernimmt die Stayman-Funktion:

♠ 7 4 3
♥ K B 9 6
♦ 8 6
♣ A D 10 4

3♠ = Transfer auf Treff; der Transfer auf 4 in Unterfarbe bleibt schlemminteressierten Blättern vorbehalten:

♠ –
♥ K 7 4
♦ K 10 9
♣ K B 10 9 7 5 4

Der 3SA-Reizer negiert darauf mit 3SA Interesse an einem Treff-Schlemm.

<u>Nach 3SA-Gegenreizung:</u>

Es gelten zwar alle Regeln analog; ihre Anwendung ist jedoch mit Vorsicht zu planen:

- Findet man keinen Farbfit, muss man mindestens 4SA spielen.
- Der Partner könnte eine lange Unterfarbe besitzen.

3.3. 2SA UND 3SA IN 4.HAND

Es gelten die Regeln der 2.Hand. Allerdings setzt man die Untergrenze jeweils einen Punkt niedriger an. Also 2SA ab 15, 3SA ab guten 18.

In der Antwort gelten die gleichen Konventionen wie nach SA-Geboten in 2.Hand.

4. KONVENTIONELLE GEGENREIZUNGEN

4.1. ÜBERRUF DER GEGNERFARBE

Süd	West	Nord	Ost
			2♠
3♠			

Der Überruf der Gegnerfarbe zeigt eine starke Hand, meist mit einer langen stehenden Unterfarbe. Mit Stopper in Gegnerfarbe soll der Partner 3SA bieten.

Süd	West	Nord	Ost
	2♥	3♥	p
?			

	a)	b)	c)	d)
	S	S	S	S
♠	9 7 6	D 9 7 5 3	D B 10 7 3	D 7 5
♥	D B 8	K 2	9 4 2	8 6
♦	7	D 10 9 5 2	8 6	D 8 7 6 4 2
♣	10 9 7 5 3 2	8	D 6 2	6 3
	3SA	3SA	3♠	4♣

a) Mit Stopper in Gegnerfarbe will der Partner 3SA hören - auch von einer ansonsten sehr schwachen Hand. Der Partner hat versprochen, die Stiche zu bringen.

b) Das Zeigen des Stoppers hat Vorrang vor der Nennung des 5er-Pik.

c) Da kein Coeur-Stopper gemeldet werden kann, bietet sich das ökonomische Reizen der 5er-Oberfarbe an.

d) Ist man gezwungen, mit einem schwachen Blatt mangels Stopper in Gegnerfarbe über 3SA hinauszugehen, muss man vorsichtig agieren. Der Partner hat in diesem Fall höchstwahrscheinlich eine lange und sehr gute Treff-Farbe. 4♣ sucht Partners Unterfarbe und ist passbar.

Das direkte Cue-Bid in der Farbe der schwachen Zweiereröffnung hat die gleiche Bedeutung wie das Sprung-Cue-Bid nach einer Einereröffnung des Gegners (A VI.2.).

In der Wiederbelebungsposition in 4.Hand ist die Bedeutung des Überrufs der Gegnerfarbe unverändert.

Hat der rechte Gegner die Eröffnungsfarbe auf die Dreierstufe gehoben, ist der Überruf der Gegnerfarbe unterhalb von 3SA nicht mehr möglich. Der Überruf auf der Viererstufe zeigt dann einen starken Zweifärber (siehe nächsten Abschnitt).

4.2. ZWEIFÄRBER-GEGENREIZUNGEN

Das Prinzip von Michaels Präzis bleibt erhalten: Alle konventionellen Zweifärberreizungen definieren unmittelbar die beiden langen Farben:

4♣ = starker Zweifärber in Treff und der ungereizten Oberfarbe

N
W O
S

♠ KDB86
♥ 6
♦ A3
♣ ADB95

Süd	West	Nord	Ost
			2♥
4♣			

4♦ = starker Zweifärber in Karo und der ungereizten Oberfarbe

	N	
W		O
	S	

♠ B 5
♥ A K B 8 5
♦ K D B 9 7 5
♣ –

Süd	West	Nord	Ost
			2♠
4♦			

4 SA = starker Zweifärber in den Unterfarben

	N	
W		O
	S	

♠ 6
♥ 2
♦ A K D 10 8
♣ K D B 10 6 2

Süd	West	Nord	Ost
			2♠
4SA			

Bei den starken Zweifärberreizungen auf der Viererstufe sollte der Partner von etwa 4 Verlierern ausgehen. Die 4♣- und 4♦-Gebote dürfen maximal 4,5 Verlierer haben, 4SA höchstens 4 Verlierer. Glaubt der Partner, 3 Verlierer abdecken zu können, sollte er ohne weitere Ermutigung den Schlemm anstreben. Dabei bedeutet:

- Ein Gebot in Partners kurzen Farben: Kontrollgebot, Erstrundenkontrolle!
  (eine Zweitrundenkontrolle ist von zweifelhaftem Wert, da der Partner häufig ein Single hat)
- 4SA: 4-Asse-Blackwood (die Trumpffarbe ist noch nicht definiert)
  (alternativ kann auch 6-Asse-Blackwood vereinbart werden; dann zählen die Könige in den beiden langen Farben mit; Antworten: 0-3, 1-4, 2-5)

Süd	West	Nord	Ost
	2♥	4♦	p
?			

a)

	N	
W		O
	S	

♠ 8 5 4
♥ D 10 7 6
♦ 6 4 2
♣ B 8 6

4♠

b)

	N	
W		O
	S	

♠ D 8
♥ 8 6 5 2
♦ K 8 5 4
♣ A 9 4

5♣

c)

	N	
W		O
	S	

♠ K 8 7 6 2
♥ 4
♦ 9
♣ A B 10 8 6 5

4SA

a) Wenn Partner 4 Verlierer hat, dann wird 4♠ genauso fallen wie 4♦. Der Partner könnte jedoch stärker sein.

b) Für einen Karo-Kontrakt deckt das Blatt voraussichtlich 3 bis 3,5 Verlierer ab. Allerdings ist nicht ganz ausgeschlossen, dass der Gegner 2 Schnellstiche in Coeur erzielen kann.

c) Besitzt der Partner 2 Asse, ist 6♠ eine gute Wette.

Hat der erste Gegenreizer einen guten 5-5-Zweifärber, der jedoch mehr als die oben angegebenen Verlierer hat, bleibt nur die Möglichkeit, die höhere Farbe zu reizen. Manchmal ergibt sich in der folgenden Bietrunde noch die Möglichkeit, die zweite Farbe zu reizen.

	N	
W		O
	S	

♠ 9
♥ K 2
♦ A K 8 6 4
♣ K D 10 9 8

Süd	West	Nord	Ost
			2♠
3♦	3♠	p	p
4♣			

<u>In 4.Hand:</u> In der Wiederbelebungsposition gelten die gleichen Regeln wie in 2.Hand.

Hat der rechte Gegner allerdings die Eröffnungsfarbe auf die Dreierstufe gehoben, dann ist ein Sprung auf 4 in Unterfarbe nicht mehr möglich. 4♣ und 4♦ sind nun natürliche starke Gebote; gleiches gilt für 5♣ und 5♦. Der Überruf der Gegnerfarbe auf der Viererstufe zeigt nun einen starken Zweifärber mit der anderen Oberfarbe und einer Unterfarbe:

N
W O
S

♠ AK864
♥ 4
♦ KDB106
♣ A2

Süd	West	Nord	Ost
	2♥	p	3♥
4♥			

Die Bedeutung des Sprungs in 4SA bleibt jedoch unverändert: ein starker Unterfarb-Zweifärber.

ZUSAMMENFASSUNG ZU KAPITEL II.

Ansagen gegen schwache Zweiereröffnungen (2♥, 2♠; evtl. auch 2♦):

Die Farbgegenreizung in 2.Hand:

- 2 in neuer Farbe: mindestens 5er, 11-18 FL
- 3 in neuer Farbe: meist 6er, 13-18FL; evtl. gutes 5er, ab 15FL.
- Sprung auf 3 in neuer Farbe: gute 6er, 17-19FL
- Sprung ins Oberfarbvollspiel: mindestens gute 7er-Farbe, ca. 8 Spielstiche

In 4.Hand (Wiederbelebung) ermäßigen sich die Untergrenzen um 1-2 Punkte.

Informationskontra in 2.Hand:

- ab 13F, Spielbereitschaft in den Restfarben, insbesondere Oberfarbe,
- ab 19FL mit (fast) beliebiger Verteilung.

Antworten auf Informationskontra:

- 2 in Oberfarbe: mind. 4er, 0-7 F
- 3 in neuer Farbe: mind. 4er, 8-10(11) F
- Sprung auf 3 in Oberfarbe: 5er, 8-10 F
- Sprung ins Oberfarbvollspiel: 5er, ab 11F
- Überruf Gegnerfarbe: partieforcierend, oft mit 4 in anderer OF, ohne Stopper
- 3 SA: ab 12 F, ohne Stopper, ohne 4er-OF
- 2 SA: Lebensohl!! Partner soll 3♣ bieten (Relais). Entweder 0-7 oder stark mit Stopper
- 4♣ oder 4♦: Einfärber mit Schlemminteresse

Informationskontra in 4.Hand: ab 8F, wenn kurz in Gegnerfarbe.

Ist 4.Hand ungepasst, dann sind die Antworten unverändert (mit Lebensohl).

2SA in 2.Hand: 16-18 (19-) FL mit Stopper, ausgeglichen

3SA in 2.Hand: ab 19+ FL mit Stopper, lange Unterfarbe möglich.

Antworten auf SA-Gebote: analog zu 1SA in der Gegenreizung.

SA-Gebote in 4.Hand: Untergrenzen 1 Punkt niedriger;

Antworten darauf wie nach SA in 2.Hand.

Konventionelle Gegenreizungen:

- Überruf Gegnerfarbe: Frage nach Stopper
- 4♣: starker Zweifärber in Treff und anderer Oberfarbe, mind. 5-5
- 4♦: starker Zweifärber in Karo und anderer Oberfarbe, mind. 5-5
- 4 SA: starker Zweifärber in den Unterfarben, mind. 5-5

Übungen zu Kapitel II.

①

N
W O
S

♠ A K B 9 6 5
♥ 8 4
♦ A K 6
♣ 4 2

Süd	West	Nord	Ost
			2♥
?			

②

N
W O
S

♠ A 6
♥ 9 6 5
♦ D 7 5 4 3
♣ 5 3 2

Süd	West	Nord	Ost
	2♥	X	p
?			

③

N
W O
S

♠ 7 5 3 2
♥ B 6 4
♦ 7
♣ A 7 5 4 2

Süd	West	Nord	Ost
	2♠	X	p
2SA	p	3♥	p
?			

④

N
W O
S

♠ K 8 5 3
♥ A B 9 4
♦ A D 5
♣ K 4

Süd	West	Nord	Ost
			2♥
2SA	p	3♦	p
?			

⑤

N
W O
S

♠ A 8 7 5 3 2
♥ A 4
♦ A 2
♣ D 9 3

Süd	West	Nord	Ost
	2♥	4SA	p
?			

Lösungen:

① 3♠. Der Sprung auf 3♠ verspricht eine gute 6er-Farbe und 17-19FL.

---

② 2SA. Lebensohl. Antwortet Partner routinemäßig mit 3♣, zeigt anschließend 3♦ 0-7F mit mindestens 4er-Karo.

---

③ 4♥. 2SA war Lebensohl. Hätte der Partner die „normale" 3♣-Antwort abgegeben, hätte man gepasst. Nun zeigt der Partner jedoch erhebliche Zusatzstärke mit mindestens 5 Coeur-Karten. Das Vollspiel in Coeur sollte gute Chancen haben.

---

④ 3♠. Mit dem „unmöglichen" Transfer in Gegners Eröffnungsfarbe fragt der Partner nach 4 Karten in der ungereizten Oberfarbe. Partners 3♦ muss partieforcierend sein, denn ohne 4er-Pik müsste man auch mit Minimum 3SA bieten. In partieforcierenden Situationen ist die ökonomische Fitbestätigung stärker als der Sprung ins Vollspiel (Principal of Fast Arrival). 3♠ ist also in diesem Kontext stärker als 4♠. Es lässt dem Partner Bietraum, um bereits unterhalb von 4♠ einen Schlemm untersuchen zu können (falls der Partner die entsprechende Stärke mitbringt).

---

⑤ 7♣. Der Partner meldet mindestens 5-5 in Unterfarben mit höchstens 4 Verlierern. Das Blatt kann höchstwahrscheinlich 4 Verlierer in Partners Blatt abdecken. Falls es wider Erwarten nötig sein sollte, einen Karo-Verlierer zu schnappen, könnte auch dies gelingen. Zur Verliererzählung: Solange kein Fit gefunden ist, gilt für den starken Zweifärber: Jede fehlende Topfigur in den langen Farben – 1 Verlierer; Fehlender Bube in den langen Farben – 0,5 Verlierer. In den kurzen Farben: Ass = kein Verlierer; besetzter König = 0,5 Verlierer; jede Karte unterhalb des Königs = 1 Verlierer. Ausnahmen: KD = 1 Verlierer; AD = 0,5 Verlierer

---

Merke:
Gegen schwache Eröffnungen gibt es keine schwachen Sprünge!

III. Nach Sperreröffnungen ab der Dreierstufe

1. Gegenreizungen in 2.Hand

Die Regeln für die Gegenreizung nach Sperreröffnungen ab der Dreierstufe ähneln den Regeln nach schwachen Zweiereröffnungen. Je höher der Gegner jedoch sperrt, desto höher sollte die Mindeststärke für eine Gegenreizung sein. Außerdem muss die Lebensohl-Konvention nach Informationskontra ersatzlos entfallen.

Farbgebote ohne Sprung:

auf der Dreierstufe 6er ab 13 FL, (gute 5er ab 15FL möglich)
auf der Viererstufe 6er ab ca. 15 FL.

Mit diesem Süd-Blatt:

♠ D 4
♥ A B 9 7 5 4
♦ D B 10
♣ B 5

auf eine 3♣-Eröffnung 3♥ bieten; auf eine 3♠-Eröffnung passen.

Farbgebote ohne Sprung legen die Trumpf-Farbe noch nicht zwingend fest.

Farbgebote im Sprung:

auf 4er-Stufe mindestens gute 7er-Länge, stark;
legt die Trumpffarbe fest.
Auf 5 in Unterfarbe nur mit extremen Verteilungshänden, ab 8er-Länge.

♠ A D B 9 4 3 2
♥ A D 3
♦ K 4
♣ 7

Süd	West	Nord	Ost
			3♣
4♠			

N / W O / S

♠ A
♥ 4
♦ K D B 10 9 6 5 3
♣ K D B

Süd	West	Nord	Ost
			3♥
5♦			

Kontra:

bis gegen 3♥:	Informationskontra ab ca. 13-14F
gegen 3♠ bis gegen 4♥:	Informationskontra ab ca. 14-15F
gegen 4♠ und höher:	Optionales Kontra (Typus starke SA-Eröffnung, ab 15+F)

Süd	West	Nord	Ost
			4♠
?			

a) N / W O / S

♠ D B 9 4
♥ A 5
♦ A 8
♣ D 7 6 5 3

Passe

b) N / W O / S

♠ A 6
♥ D B 5
♦ A D 7 4
♣ K B 10 8

Kontra

a) Süd hätte ein klares Strafkontra. Aber das Blatt entspricht nicht dem Typus Optionalkontra.

b) Ein schönes Optionalkontra. Wenn Partner ein positives Blatt mit einer Verteilungshand hat, darf und soll er reizen. Diesen Blatttyp hat man deutlich öfter in der Gegenreizung als ein Blatt mit einem klaren Strafkontra. Darum ist das Kontra als Optionalkontra wertvoller.

3SA: zum Spielen, ab ca. 17 FL; eventuell mit langer Unterfarbe.

N / W O / S

♠ D B 7
♥ A B 9
♦ K B 10 6
♣ A B 6

Süd	West	Nord	Ost
			3♥
3SA			

Hätte man den Bietraum, würde man gerne Sans-Atout auf niedrigerer Stufe bieten.

Gegen eine Sperreröffnung auf der Dreierstufe hat man jedoch keine Wahl. Die 3 übrigen Spieler haben zusammen 23F. Im Durchschnitt wird der Partner etwa 8F haben - gerade genug, um 3SA spielen zu wollen.

4SA gegen 3♥-, 3♠- und 4♥-Eröffnung: starker Unterfarb-Zweifärber

N
W O
S

♠ 5 4
♥ A
♦ A D B 10 6
♣ A K D 10 9

Süd	West	Nord	Ost
			3♠
4SA			

4SA gegen 4♠-Eröffnung: starker Zweifärber in den Restfarben

N
W O
S

♠ 3
♥ K D B 9 4
♦ 6
♣ A K D 7 4 2

Süd	West	Nord	Ost
			4♠
4SA			

Überruf der Gegnerfarbe: starker Zweifärber mit mindestens einer Oberfarbe

N
W O
S

♠ A D B 8 5
♥ 5
♦ A K D 10 9
♣ 6 3

Süd	West	Nord	Ost
			3♣
4♣			

2. Antworten auf Gegenreizungen

Nach natürlicher Farbgegenreizung:

- Ist die Trumpffarbe noch nicht festgelegt, ist das Bieten einer neuen Farbe ein natürliches Gebot, unterhalb von Vollspiel forcierend.

N
W O
S

♠ K D 9 6 4
♥ 8 6
♦ 7 3
♣ A D 7 5

Süd	West	Nord	Ost
	3♦	3♥	p
3♠			

Wollte der Antwortende Schlemminteresse zeigen, könnte er dies nur durch ein allgemeines Cue Bid in Gegnerfarbe tun. Dieses Cue Bid verspricht nicht unbedingt Kontrolle in Gegnerfarbe:

N
W O
S

♠ K D 7
♥ D 8 5 3
♦ 7 5
♣ A K D 4

Süd	West	Nord	Ost
	3♦	3♥	p
4♦			

- Ist die Trumpffarbe festgelegt (Partner ist gesprungen), zeigt das Bieten einer neuen Farbe eine Kontrolle in der gereizten Farbe und Schlemminteresse.

N
W O
S

♠ A 4 2
♥ B 5
♦ 6 5 4
♣ A K 7 4 2

Süd	West	Nord	Ost
	3♦	4♥	p
4♠			

- 4SA, mit oder ohne Sprung: Roman Key Card Blackwood

<u>Antworten auf Informationskontra:</u> Keine besonderen Konventionen. Im Prinzip gelten die aus anderen Bietsituationen bekannten Prinzipien:

- Überruf der Gegnerfarbe (Unterfarbe auf 4er-Stufe): zeigt beide Oberfarben, stark genug für Vollspiel

Süd	West	Nord	Ost
	3♦	X	p
4♦			

♠ D 8 6 4
♥ A B 5 3
♦ A 5
♣ 7 4 3

- Überruf der Gegnerfarbe in allen anderen Situationen auf der Vierer- oder Fünferstufe: Schlemminteresse, Fitfarbe noch unbekannt

Süd	West	Nord	Ost
	3♥	X	p
4♥			

♠ K 7 5 3 2
♥ 2
♦ A K 5 3
♣ D B 5

Der Partner reizt ohne nennenswerte Zusatzstärke seine nächste Viererfarbe. Mit Zusatzstärke muss er dagegen springen oder seinerseits die Gegnerfarbe überrufen.

Süd	West	Nord	Ost
			3♥
X	p	4♥	p
?			

a)
♠ A D B 4
♥ A 6
♦ 10 6 4 2
♣ K 8 4
4♠

b)
♠ A D 6
♥ 6
♦ D B 8
♣ A K 10 9 3 2
6♣

c)
♠ A B 10 4
♥ A 3
♦ D 10 6
♣ A K 10 2
5♥

- 3SA: zum Spielen

♠ K 6 2
♥ D 7
♦ K D 7 5 4
♣ B 4 2

Süd	West	Nord	Ost
	3♠	X	p
3SA			

- 4SA nach Oberfarberöffnung (im Sprung oder ohne Sprung): beide Unterfarben

♠ B 8
♥ 7 5 4
♦ A K 6 5
♣ D 10 3 2

Süd	West	Nord	Ost
	4♥	X	p
4SA			

- Passen ist immer eine Alternative!

Je höher der Gegner eröffnet, desto mehr nimmt man Partners Kontra als optional. Passen ist dann eine wichtige Option.

Süd	West	Nord	Ost
	3♠	X	p
?			

a)
♠ D B 9 2
♥ D B 6
♦ 6 4
♣ B 8 5 2
Passe

b)
♠ B 9 8
♥ A 7 4
♦ 9 6 4 2
♣ K 10 5
Passe

a) Ein schönes Strafpass auf der Dreierstufe! Man hofft auf 2 Stiche in der Trumpffarbe. Daneben wird es wohl hoffentlich noch mindestens 3 Stiche für die Partnerschaft geben.

b) Gegen 3♠ ein klares Passe nach dem Law of Total Tricks: Der Gegner hat im Schnitt 8 bis 9 Atouts auf seiner Achse; die eigene Partnerschaft nicht einmal sichere 8. In der Summe ergibt das 16-17 Trümpfe, demnach sind 16-17 Gesamtstiche zu erwarten. Die eigene Partnerschaft ist die stärkere Partei, nach Figurenpunkten gerechnet. Man darf also auf etwa 9 Stiche in der besten eigenen Trumpffarbe rechnen.

Dann bleiben für den Gegner 7-8 Stiche in einem Pik-Kontrakt.

Würde man also 4♦ bieten, ist die Gefahr groß zu fallen. Nicht einmal der Fit ist sicher in Karo. Andererseits bestehen beste Aussichten, Gegners Pik-Kontrakt ein- oder zweimal zu schlagen.

Der Gegner in 3.Hand hebt die Eröffnungsfarbe:

Egal, ob der Partner in 2.Hand eine Farbe geboten hat, oder Informationskontra gegeben hat, es gilt:

Kontra bis 4♦ = responsive
ab 4♥ = optional

Auf 3SA vom Partner:

Die Weiterreizung erfolgt wie nach 3SA auf eine schwache Zweiereröffnung (vgl. im vorigen Kapitel II. 3.2.). Zu beachten ist lediglich: Hat der Gegner 3♣ oder 3♦ eröffnet, ist 4♣ = Stayman.

3. GEGENREIZUNGEN IN 4.HAND

Die Anforderungen an die Wiederbelebung werden vergleichbar zu anderen Wiederbelebungs-Situation etwas reduziert. Mit Kürze in Gegnerfarbe sollte man die Reizung schon ab 8 F wiederbeleben; wenn es die Verteilung zulässt, vorzugsweise mit Kontra, denn Partner könnte dies in ein Strafkontra verwandeln wollen.

S

♠ D 10 7 5
♥ 3
♦ B 8 4
♣ A B 9 6 2

Süd	West	Nord	Ost
	3♥	p	p
X			

ZUSAMMENFASSUNG ZU KAPITEL III.

Gegenreizung in 2. Hand:

- Farbgebote ohne Sprung: auf der Dreierstufe 6er ab 13 FL, (gute 5er ab 15FL möglich); auf der Viererstufe 6er ab ca. 15 FL;
- Farbgebote im Sprung: auf 4er-Stufe mindestens gute 7er-Länge, stark; legt die Trumpffarbe fest; auf 5 in Unterfarbe nur mit extremen Verteilungshänden, ab 8er-Länge;
- Kontra:

bis gegen 3♥:	Informationskontra ab ca. 13-14F
gegen 3♠ bis gegen 4♥:	Informationskontra ab ca. 14-15F
gegen 4♠ und höher:	Optionales Kontra (Typus starke SA-Eröffnung, ab 15+F);

- 3SA: zum Spielen, ab ca. 17 FL; eventuell mit langer Unterfarbe;
- 4SA gegen 3♥-, 3♠- und 4♥-Eröffnung: starker Unterfarb-Zweifärber;
- 4SA gegen 4♠-Eröffnung: starker Zweifärber in den Restfarben;
- Überruf der Gegnerfarbe: starker Zweifärber mit mindestens einer Oberfarbe.

Antworten auf Farb-Gegenreizung:

- Trumpffarbe noch nicht festgelegt: neue Farbe natürlich und forcing;
- Trumpffarbe festgelegt: Kontrollgebot;
- 4SA = RKCB.

Antworten auf Informationskontra:

- Überruf der Gegnerfarbe (Unterfarbe auf 4er-Stufe): beide Oberfarben, nur forcing zum Vollspiel;
- Überruf der Gegnerfarbe in allen anderen Situationen auf der Vierer- oder Fünferstufe: Schlemminteresse, Fitfarbe noch unbekannt;
- 3SA: zum Spielen;
- 4SA nach Oberfarberöffnung (im Sprung oder ohne Sprung): beide Unterfarben;
- Passen ist oft die beste Alternative.

Gegenreizung in der Wiederbelebung:

Alle Anforderungen etwas schwächer; Informationskontra ab 8 F.

Übungen zu Kapitel III.

①

N/S in Gefahr, Paarturnier

♠ B 3
♥ 3
♦ K 10 4 3 2
♣ A D 4 3 2

Süd	West	Nord	Ost
	3♠	X	4♠
?			

②

Keiner in Gefahr, Teamturnier

♠ 7 6
♥ D B 9 7 6 5 2
♦ B 6 4
♣ 9

Süd	West	Nord	Ost
	3♣	3SA	p
?			

③

Alle in Gefahr, Paarturnier

♠ 9 8 7
♥ B 8 6 3
♦ 7 5
♣ K 7 4 2

Süd	West	Nord	Ost
	4♠	4SA	p
5♣	p	5♦	p
?			

④

O/W in Gefahr, Teamturnier

♠ D 9 7 5 4 2
♥ 7
♦ D 8 6 4
♣ 8 2

Süd	West	Nord	Ost
	3♦	4♥	p
?			

⑤

Keiner in Gefahr, Paarturnier

♠ 5
♥ D 9 8 7 2
♦ 8 5 2
♣ B 9 4 2

Süd	West	Nord	Ost
	3♣	4♣	p
?			

Lösungen:

① 4SA. Der Partner soll seine längere Unterfarbe reizen - zum Erfüllen! Besitzt er nennenswerte Zusatzstärke, sollte er sogar Schlemm reizen.

---

② 4♦. Transfer auf Coeur.

---

③ 5♥. Nach 4♠ zeigt 4SA einen Zweifärber, möglicherweise auch mit Coeur. 5♦ verneint die Treff-Farbe. Also besitzt der Partner einen roten Zweifärber.

---

④ Passe. Der Sprung in 4♥ hat die Trumpffarbe festgelegt. 4♠ wäre jetzt Kontrollgebot mit Interesse an einem Coeur-Schlemm.

---

⑤ 4♦. Die Farben von Partners Zweifärber sind noch nicht definiert. Sollte er einen Pik-Karo-Zweifärber haben, möchte man die Reizung in 4♦ abbremsen. Erst wenn der Partner daraufhin 4♥ bietet, muss er beide Oberfarben besitzen.

Merke:
Nach Sperreröffnungen ab der Dreierstufe gibt es Zweifärberreizungen, bei denen die beiden Farben noch nicht definiert sind. Der Partner reizt darauf mit Bedacht: Er muss damit rechnen, dass der Partner gerade die eigene längste Farbe nicht besitzt.

IV. NACH KONVENTIONELLEN ERÖFFNUNGEN

1. 2♣ UND 2♦ STARK

Gegen starke konventionelle 2♣- und 2♦-Eröffnungen (wie zum Beispiel in FORUM D PLUS) gelten folgende Vereinbarungen:

Farbreizungen: alle natürlich, inklusive des Überrufes von Gegners konventioneller Eröffnung.

Alle in Gefahr, Paarturnier

S

♠ 7 6
♥ 7
♦ K D B 9 7 5 2
♣ K 10 5

Süd	West	Nord	Ost
			2♦ *
3♦			

*) konventionell, partieforcierend

Gegen starke Eröffnungen ist das Motiv, einen eigenen erfüllbaren Kontrakt zu finden, nur von untergeordneter Bedeutung. Wichtiger sind die Ziele:

- Ausspielmarke,
- den Gegner in seiner Reizung stören,
- einen Fit für ein mögliches Opfergebot auf Vollspielhöhe zu finden.

Sprünge: tendenziell schwach, abhängig von der Gefahrenlage

Ost/West in Gefahr, Paarturnier

S

♠ K B 10 9 6 4 3
♥ –
♦ 9 6
♣ B 10 9 6

Süd	West	Nord	Ost
			2♣ *
4♠			

*) beliebiges Semiforcing

2SA: beide Unterfarben

Keiner in Gefahr, Paarturnier

N
W O
S

♠ 8
♥ 7 3
♦ D B 10 9 5
♣ K D 10 9 4

Süd	West	Nord	Ost
			2♣ *
2SA			

*) gemäß FORUM D PLUS

Kontra = Zeigt die vom Gegner gereizte Farbe; Ausspielmarke bzw. Vorschlag zur Verteidigung in dieser Farbe, falls Partner guten Fit hat.

Nord/Süd in Gefahr, Teamturnier

N
W O
S

♠ 7 5 3
♥ A 9 2
♦ 6 4
♣ K D 10 7 4

Süd	West	Nord	Ost
			2♣ *
X			

*) konventionell, partieforcierend

Es ist klar, dass das Kontra bei dieser ungünstigen Gefahrenlage kaum mehr als eine Ausspielmarke sein kann.

2. 2 IN FARBE, NICHT STARK

Eröffnet der Gegner auf der Zweierstufe mit einer natürlichen Farbe, schwach oder normale Eröffnungsstärke, gelten die Regeln gegen die schwache 2♥- und 2♠-Eröffnung (Weak Two) analog (siehe Kapitel B II.). Diese Analogieregel gilt zum Beispiel gegen folgende Eröffnungen:

2♣ = mindestens 5er-Treff, 11-15 F;

2♥ = Zweifärber in Coeur und einer anderen Farbe, 5-10 F

2♠ = Schwacher Zweifärber mit Pik, oder Semiforcing in Pik

Nach einem Informationskontra gilt also auch die Lebensohl-Konvention:

	N	
W		O
	S	

♠ B 5
♥ 9 8 6
♦ D 9 6 5 3
♣ 7 4 2

Süd	West	Nord	Ost
	2♥ *	X	p
2SA			

*) Schwacher Zweifärber in Coeur + Unterfarbe

Mit einem normalen Informationskontra muss Nord 3♣ bieten. Darauf reizt Süd 3♦ (0-7).

3. 2♦ MULTI

Weit verbreitet ist die 2♦-Multi-Konvention. Sie ist mehrdeutig. Hinter der 2♦-Eröffnung verbirgt sich:

- entweder eine 6er-Oberfarbe, 6-10F (Weak Two),
- oder eine starke SA-Eröffnung (z.B. 22-23)
- oder ein starker Dreifärber

Statt des starken Dreifärbers spielen viele Paare auch ein Semiforcing in Treff oder Karo.

Die 2♦-Multi-Eröffnung bietet vor allem Vorteile gegen unerfahrene Paare, die nicht wissen, wie sie sich gegen diese Eröffnung wehren sollen. Im Vergleich zur Weak Two-Eröffnung mit 2♥ und 2♠ hat Multi jedoch auch Nachteile: Der Partner des Eröffners kennt Partners Verteilungstyp zunächst nicht und besitzt weniger Möglichkeiten, die Sperre unmittelbar zu verlängern.

Hat man als Gegner mindestens Eröffnungsstärke, geht man nach der Wahrscheinlichkeit davon aus, dass der Gegner ein schwaches Blatt mit 6er-Pik oder 6er-Coeur hat.

Gegenreizung in 2.Hand:

- alle Farbreizungen natürlich, wie gegen Weak Two (auch 2♥ = mind.5er,11-18FL)
- 2SA und 3SA wie gegen Weak Two (mit Stoppern in beiden Oberfarben)
- Kontra = Informationskontra mit Kürze in Pik (wie Info-X gegen 2♠), oder eine starke Hand ab 19FL

Süd	West	Nord	Ost
			2♦ *
?			

*) Multi

a)	b)	c)
♠ 7 5	♠ A K 6 4	♠ D B 8 5
♥ A 10 8 4	♥ B 2	♥ A K 6 4
♦ K B 5	♦ D 4 2	♦ 5
♣ A B 10 6	♣ K B 5 2	♣ K 6 4 3
X	Passe	Passe

a) Die Verteilung passt für ein Informationskontra gegen eine schwache 2♠-Eröffnung. Das Kontra gegen 2♦-Multi verspricht diesen Blatttypus (oder ab 19FL).

b) Gegen ein Weak Two in Coeur hätte man ein Informationskontra. Mit dieser Verteilung muss man eine Bietrunde warten. Steht die Reizung dann in einem Coeur-Kontrakt des Gegners, kontriert man.

c) Man hat ein 4er-Coeur - soweit, so gut. Doch die Gefahr ist beträchtlich, dass der Partner kein 4er-Coeur hat und 3♦ bietet. Und was dann??

Gegenreizung in 4.Hand (gegen 2♥ oder 2♠ des Partners des Eröffners):

Alle Ansagen wie in 2.Hand,

einzige Abweichung: Kontra = mindestens Eröffnungsstärke mit Kürze in der vom rechten Gegner gereizten Farbe.

N
W O
S

♠ K B 8 5
♥ 6
♦ D B 8 5 3
♣ A K 4

Süd	West	Nord	Ost
	2♦ *	p	2♥ **
X			

*) Multi; **) Relais

N
W O
S

♠ 7 4
♥ D B 10 8
♦ A D B 6
♣ K B 2

Süd	West	Nord	Ost
	2♦ *	p	2♠ **
X			

*) Multi

**) 2♠ sagt: West soll mit Weak Two in Pik passen; mit Weak Two in Coeur weitereizen: mit Minimum 3♥, mit Maximum 4♥.

Gegenreizung in 6.Hand:

➠ Kontra = Informationskontra mit Kürze in Coeur (4er-Pik)

Wer die Pik-Farbe hat, besitzt Vorteile. Diese Farbe kann man immer noch auf der gleichen Stufe wie die gegnerische Coeur-Farbe bieten.

N
W O
S

♠ K D 10 5
♥ 7 4
♦ A D 3 2
♣ K B 7

Süd	West	Nord	Ost
			2♦ *
p	2♥ **	p	p
X			

*) Multi; **) Relais

Auch jetzt gelten noch die Regeln für die Antworten nach Informationskontra auf Weak Two-Eröffnungen. Also mit Lebensohl.

Auch Sperrgebote des Gegners sollten einen nicht davon abhalten, Eröffnungsstärke mit 4er-Pik und Spielbereitschaft für die Restfarben zu zeigen:

N / W O / S

♠ A D 5 3
♥ 6
♦ B 10 9 6 4
♣ A D 3

Süd	West	Nord	Ost
			2♦ *
p	3♥ **	p	p
X			

*) Multi
**) nicht einladend, mit 6er-Coeur soll Ost passen, mit 6er-Pik 3♠ bieten.

- 2SA: beide Unterfarben, Stärke und Farblängen nicht genau definiert, auch abhängig von der Gefahrenlage.

  Keiner in Gefahr, Paarturnier

N / W O / S

♠ 6 2
♥ 5
♦ D B 8 5 4
♣ A D 10 7 3

Süd	West	Nord	Ost
			2♦ *
p	2♥ **	p	p
2SA			

*) Multi, **) Relais

Besonderheiten zu den Antworten auf Informationskontra:

- der Partners des Eröffners bietet 2♥ oder 2♠: Kontra = Strafkontra; in der Folge ist jedes weitere Kontra ebenfalls Strafkontra.

N / W O / S

♠ D B 9 6
♥ 10 9 2
♦ K 5
♣ A 10 6 4

Süd	West	Nord	Ost
	2♦ *	X	2♥ **
X	2♠	p	p
X			

*) Multi, **) Relais

Süd kontriert 2♥, weil der Partner 4er-Coeur und Eröffnungstärke versprochen hat.

Um 2♠ zu kontrieren, reicht die eigene Pikhaltung. Außerdem verfügt die Partnerschaft klar über die Majorität der Figurenpunkte.

- der Partner des Eröffners passt;

  Nach dem Informationskontra steht es dem Partner des Eröffners frei zu passen.

  Manche Gegner tun das, um es einfach dem Partner zu überlassen, seine Oberfarbe zu bieten, andere schlagen mit dem Passe vor, 2♦ im Kontra Endkontrakt werden zu lassen, das heißt, sie haben eine lange Karo-Farbe und sind kurz in Oberfarben.

  Wenn Sie glauben, dass das Pass-Motiv des Gegners für Ihre Reizentscheidung relevant ist, fragen Sie den Gegner! Der Gegner ist verpflichtet, ihnen hierüber offen Auskunft zu erteilen.

Wie verhält sich der Partner, des Informationskontra-Gebers?

Mit Coeur oder Treff gilt: Business as Usual - Fit und Stärke zeigen, Lebensohl beachten.

Doch was bedeutet?

- Passe: entweder 0-6 F mit mindestens 4er-Karo;
  oder Karo-Toleranz (falls 2♦X Endkontrakt wird) mit Interesse an einem Strafkontra gegen 2♠!

N
W O
S

♠ K B 9 5 2
♥ 4 3
♦ D 6 5
♣ K 10 9

Süd	West	Nord	Ost
	2♦ *	X	p
p			

*) Multi

Nord weiß zunächst nicht, ob Süd mit 4er-Karo und 0-6 Punkten aus Schwäche passt, oder ob Süd Strafkontra-Ambitionen in Oberfarben hat. Nord wird darum, wenn West nun 2♥ oder 2♠ reizt, mit normaler Eröffnungstärke passen müssen:

♠ 7 4
♥ K B 7 5
♦ A 10 8
♣ A B 3 2

N
W O
S

Süd	West	Nord	Ost
	2♦	X	p
p	2♥	p	

Doch Süd kann dann, im Vertrauen auf Partners Eröffnungsstärke nebst 4er-Coeur, mit der obigen Hand 2♥ kontrieren. 2 Faller dürfte der Erwartungswert sein.

➠ 2SA (Lebensohl), dann auf 3♣ vom Partner: 3♦ = 7-8 F mit mindestens 4er, kein Interesse an einem Strafkontra gegen 2♠.

N
W O
S

♠ 10 6
♥ A 3 2
♦ K 10 9 6 4
♣ 6 3 2

Süd	West	Nord	Ost
	2♦ *	X	p
2SA	p	3♣	p
3♦			

Süd sieht, dass der Gegner höchstwahrscheinlich einen guten Pik-Fit hat. Darum beschreibt er sogleich sein Blatt. Mit 9-11 F hätte Süd direkt 3♦ geboten (nicht über Lebensohl), mit 0-6 Punkten dagegen gepasst und auch anschließend keine freiwillige Ansage mehr abgegeben.

➠ 2♠: lange Pik! bis ca. 9F (wahrscheinlich Misfit!)
Der 2♦-Eröffner hat eher 6er-Coeur als 6er-Pik.

➠ 3♠: lange Pik! ca. 10-11F
Mit Double Pik kann der Partner 4♠ bieten.

Gegen „modernes" Multi?

Eine neuere Variante des 2♦-Multi sieht als schwache Variante nicht den Oberfarb-Einfärber, sondern beide Oberfarben mindestens zu viert vor. Es hat sich als praktikabel erwiesen, gegen dieses modifizierte Multi die gleiche Verteidigung wie gegen das klassische Multi zu spielen.

4. 2SA ALS SCHWACHER UNTERFARB-ZWEIFÄRBER

Zeigt Gegners 2SA einen schwachen Unterfarbzweifärber (z.B. 5-10 F), empfiehlt sich folgende Vereinbarung:

Kontra: Ausgeglichene Verteilung, ab 16 F; oder ab 19FL mit fast beliebiger Verteilung

N
W O
S

♠ A B 9 6
♥ A D 2
♦ A K 4
♣ 8 3 2

Süd	West	Nord	Ost
			2SA*
X			

*) Beide Unterfarben

In der Folge ist jedes Kontra ein Strafkontra.

3♣: entspricht Informationskontra ab ca. 14F, tendenziell mit längeren Coeur als Pik

N
W O
S

♠ A D 6 4
♥ K B 8 5 4
♦ A B
♣ 6 4

Süd	West	Nord	Ost
			2SA*
3♣			

*) Beide Unterfarben

3♦: entspricht Informationskontra ab ca. 14 F mit tendenziell längeren Pik

N
W O
S

♠ D 10 8 6 4
♥ A D 6
♦ A K 5 3
♣ 9

Süd	West	Nord	Ost
			2SA*
3♦			

*) Beide Unterfarben

3♥, 3♠: 6er-Länge, 13-18 FL

5. 1♣ Konventionell und stark

Es gibt diverse Systeme, in denen die 1♣-Eröffnung konventionell und stark ist, zum Beispiel Präzisions-Treff (1♣ ab 16 F).

Gegen starke 1♣-Eröffnungen werden die unterschiedlichsten Konventionen gespielt. Fast alle haben sie gemeinsam, dass sie vorwiegend destruktive Zielsetzungen haben:

- den Gegner bei der präzisen Entwicklung seiner Reizung stören,
- Fit für eine Verteidigung frühzeitig finden,
- Ausspielmarke geben.

Hier ein relativ natürliches Verteidigungssystem. Es gilt in 2.Hand, aber auch in 4.Hand, wenn die 3.Hand konventionell 1♦ geantwortet hat.

Farbreizung auf Einerstufe: natürlich, Tendenz Ausspielmarke.

N
W O
S

♠ K D 10 7 2
♥ 8 6 5
♦ 6
♣ D 6 4 2

Süd	West	Nord	Ost
			1♣ *
1♠			

*) konv., ab 16

Farbreizung auf Zweierstufe oder höher: natürliche Sperrreizung

Kontra: beide Oberfarben, ab 4-4

Ost/West in Gefahr, Paarturnier

N
W O
S

♠ D B 9 7
♥ K B 10 2
♦ 7 5 4
♣ B 2

Süd	West	Nord	Ost
	1♣ *	p	1♦ **
X			

*) konv., ab 16, **) konv., 0-7

1SA: beide Unterfarben, meist 5-4

Keiner in Gefahr, Paarturnier

♠ 2
♥ 9 6 5
♦ D B 10 7
♣ K B 10 8 3

Süd	West	Nord	Ost
			1♣ *
1SA			

*) konv., ab 16

2SA: beide Unterfarben, mindestens 5-5

Alle in Gefahr, Teamturnier

♠ 9 7
♥ B
♦ K D 10 9 6
♣ D B 10 8 4

Süd	West	Nord	Ost
	1♣ *	p	1♦ **
2SA			

*) konv., ab 16, **) konv., 0-7

Verhalten des Antwortenden auf Partners Intervention:
Unverzüglich Fitstufe belegen:

8 Trümpfe: Zweierstufe
9 Trümpfe: Dreierstufe
10 Trümpfe: Viererstufe

(Jedoch Vorsicht bei ungünstiger Gefahrenlage!)

Das heißt, man nimmt beim Partner die versprochene Mindestlänge an und hebt entsprechend.

Ost/West in Gefahr

Süd	West	Nord	Ost
	1♣ *	X	2♦
?			

*) konv., ab 16

a)	b)	c)
♠ D 7 5	♠ D 7 5 3	♠ 7
♥ 7 5	♥ 7 5	♥ K 9 6 4 3 2
♦ 8 5 3	♦ 8 5 4	♦ 6 3
♣ A 8 6 4 3	♣ A 6 4 2	♣ 8 6 4 3
Passe	2♠	4♥

ZUSAMMENFASSUNG ZU KAPITEL IV.

Gegner eröffnet starke und künstliche 2♣ oder 2♦:

- Farbreizungen alle natürlich, inkl. Überruf von Gegners konventioneller Eröffnung
- Sprünge vor allem lang; Mindeststärke je nach Gefahrenlage.
- 2SA = beide Unterfarben
- Kontra = Ausspielmarke bzw. Vorschlag zur Verteidigung in dieser Farbe, falls Partner guten Fit hat.

Gegner eröffnet 2 in Farbe (nicht stark):

Eröffnet der Gegner auf der 2er-Stufe mit einer natürlichen Farbe, schwach oder Eröffnungsstärke, dann gelten die Gegenreizungsregeln gegen Weak Two analog. Diese Analogieregel gilt zum Beispiel für folgende Eröffnungen:

- 2♣ = mindestens 5er-Treff, 11-15 F
- 2♥ = Zweifärber in Coeur und einer anderen Farbe, 5-10 F
- 2♠ = Schwacher Zeifärber mit Pik oder Semiforcing in Pik

Gegner eröffnet 2♦-Multi:

- Gegenreizung in 2.Hand:
  - alle Farbreizungen natürlich, wie gegen Weak Two (auch 2♥ = mind. 5er, 11-18 FL)
  - 2SA und 3SA wie gegen Weak Two (mit Stoppern in beiden Oberfarben)
  - Kontra = Informationskontra mit Kürze in Pik (wie Info-X gegen 2♠), oder eine starke Hand ab 19FL; Antworten mit Lebensohl

- Gegenreizung in 4.Hand (gegen 2♥ oder 2♠ des Partners des Eröffners):
  - Alle Ansagen wie in 2.Hand,
  - einzige Abweichung: Kontra = mindestens Eröffnungsstärke mit Kürze in der vom rechten Gegner gereizten Farbe.
- Gegenreizung in 6.Hand:
  - Kontra = Informationskontra mit Kürze in Coeur (4er-Pik) Antworten mit Lebensohl
  - 2SA = beide Unterfarben

Gegner eröffnet 2SA als schwacher Unterfarb-Zweifärber:

- Kontra: Ausgeglichene Verteilung, ab 16 F, oder ab 19FL mit fast beliebiger Verteilung
- 3♣: entspricht Informationskontra ab ca. 14F, tendenziell mit längeren Coeur als Pik
- 3♦: entspricht Informationskontra ab ca. 14F, tendenziell mit längeren Pik als Coeur
- 3♥/3♠: 6er, 13-18FL

Gegner eröffnet 1♣ konventionell und stark:

- Farbreizung auf Einerstufe: natürlich, Tendenz Ausspielmarke.
- Farbreizung im Sprung: natürliche Sperrreizung
- Kontra: beide Oberfarben, ab 4-4
- 1SA: beide Unterfarben, meist 5-4
- 2SA: beide Unterfarben, mindestens 5-5

Übungen zu Kapitel IV.

①

N / W O / S

♠ 9 8 6 4
♥ A B 5 2
♦ D 7 5
♣ 7 3

Süd	West	Nord	Ost
	2SA*	3♦	p
?			

*) Schwacher Unterfarb-zweifärber

---

②

N / W O / S

♠ D B 8 6
♥ D 6 2
♦ A 6
♣ K B 7 5

Süd	West	Nord	Ost
			2♦ *
?			

*) Multi

---

③

N / W O / S

♠ K 8 5 4 3
♥ 8 7 5 4
♦ 8 5 4
♣ 3

Süd	West	Nord	Ost
	1♣ *	1SA	X
?			

*) konventionell, ab 16F

---

④

N / W O / S

♠ B 6 5 2
♥ 7 5 2
♦ K 8 6 5 4
♣ B

Süd	West	Nord	Ost
	2♠ *	X	p
?			

*) Schwacher Zweifärber in Pik + einer Unterfarbe (5-5)

---

⑤

N / W O / S

♠ D 7
♥ A D 6
♦ K 8 6 5
♣ D 8 7 6

Süd	West	Nord	Ost
	2♦ *	p	2♥ **
p	p	X	p
?			

*) Multi, **) Relais

Lösungen:

① 3♠. Partners 3♦ entspricht einem Informationskontra für die Oberfarben mit tendenziell längeren Pik. Das heißt, Nord könnte auch 5er-Pik und lediglich 3er-Coeur haben.

---

② Passe. Ein Kontra wäre Informationskontra mit Kürze in Pik.

---

③ 2♦. Der Partner zeigt einen Unterfarb-Zweifärber. Die klare Präferenz soll man zeigen.

---

④ 2SA. Lebensohl. Um anschließend 3♦ zu bieten. Für ein Strafpass in 2♠ ist das Blatt zu schwach.

---

⑤ 2SA. Lebensohl. Wenn Partner routinemäßig 3♣ bietet, anschließend 3SA. Dies zeigt dann die Stärke für 3SA mit Stopper in Coeur (direkt 3SA würde zwar die Stärke, nicht aber Stopper in Coeur versprechen). Der Partner sollte Eröffnungsstärke mit Kürze in Coeur und 4er-Pik besitzen.

Merke:
Gegen eine starke 1♣-Eröffnung ist es empfehlenswert, rasch in die zu Reizung gehen, wenn man entweder eine gute Farbe, oder eine interessante Verteilung hat. Die Zwischenreizung behindert den Gegner in seiner präzisen, teilweise hochkonventionellen Folgereizung.

C Besondere Konventionen

I. SCHLEMMKONVENTIONEN

In der Gegenreizung stehen für die Schlemmuntersuchung alle Konventionen zur Verfügung, die auch für die ungestörte Reizung der Eröffnungspartei Verwendung finden (siehe FORUM D PLUS in der ungestörten Reizung).

Dies sind insbesondere:

- Splinter:

  der ungewöhnliche Sprung in eine neue Farbe verspricht Fit zur Partnerfarbe, Kürze in der gereizten Farbe, und zumindest leichtes Schlemminteresse.

- Kontrollgebote:

  Nach bestätigtem Fit ist eine neue Farbe dann ein Kontrollgebot, wenn die Reizung nicht mehr vor Vollspiel gestoppt werden kann. Das Kontrollgebot zeigt Erst- oder Zweitrundenkontrolle (Ass, König, Chicane oder Singleton) in der gereizten Farbe und Schlemminteresse.

- Roman Keycard Blackwood (RKCB)

  4SA nach bestätigtem Fit fragt nach den Keycards (4 Asse + Trumpfkönig)

Antworten:	5♣	= 0 oder 3 Keycards
	5♦	= 1 oder 4 Keycards
	5♥	= 2 Keycards ohne Trumpf Dame
	5♠	= 2 Keycards mit Trumpf Dame

Nachfolgend ein Gegenreizungs-Beispiel, in dem alle drei Konventionen nacheinander zur Anwendung kommen:

Süd	West	Nord	Ost
1♦	1♥	p	4♣[1]
p	4♠[2]	p	4SA[3]
p	5♣[4]	p	6♥
p	p	p	

W		O
♠ A K 3		♠ D B 2
♥ K 10 8 6 4	N	♥ A D 9 2
♦ 6 5	W O	♦ A B 7 3 2
♣ A 6 3	S	♣ 5

1) Splinter; 2) Kontrollgebot, 3) RKCB; 4) 0 oder 3 Keycards

II. Spezielle Kontras und Rekontras

1. Ausspielkontra

Ausspielkontras kommen vorwiegend in der Gegenreizung zur Anwendung. Allerdings gibt es durchaus Bietsituationen, in denen auch die Eröffnungspartei ein Ausspielkontra abgibt.

1.1. Kontra auf konventionelle Gebote

So wie schon ein Kontra auf die konventionellen starken 2♣- und 2♦-Eröffnungen Werte in dieser Farbe verspricht, gilt dies auch für Kontras auf konventionelle Gebote im weiteren Verlauf der Reizung. Ein derartiges Kontra ist in erster Linie ein Ausspielkontra.

N
W O
S

♠ 8 6 5
♥ B 6 4 3
♦ A D 10 6
♣ 6 3

Süd	West	Nord	Ost
	1♠	p	2♣
p	3♣	p	3♠
p	4♣	p	4♦ *
X			

*) Kontrollgebot

Wenn Pik Endkontrakt wird, soll der Partner Karo angreifen.

Hier eine Auflistung von konventionellen Geboten, nach denen ein Kontra in der Gegenreizung ein Ausspielkontra ist:

- Kontrollgebot,
- Antwort auf Assfrage (bzw.Keycardfrage) sowie Folgefragen
- Kontrollfrage
- 4.Farbe forcing
- 3.Farbe forcing
- Stayman (bei starken SA)
- Transfer (bei starkem SA)
- Gegner überruft die vom Partner gereizte Farbe
- Gegner überruft die vom Kontrierenden vorab gereizte Farbe

Solange es gegen ein konventionelles Gebot des Gegners keine anderslautende Spezialvereinbarung gibt, ist ein Kontra immer ein Ausspielkontra.

Spezialvereinbarungen im Rahmen von FORUM D PLUS gibt es gegen:

- 1♣ konventionell und stark: Kontra für die Oberfarben
- 2♦ Multi: Informationskontra mit Kürze in Pik oder ab 19 FL
- Stayman und Transfer bei schwacher 1SA-Eröffnung: starke Hand ab 14+ mit mindestens 3 Karten in der kontrierten Farbe.

1.2. LIGHTNER KONTRA GEGEN EINEN FREIWILLIG GEREIZTEN SCHLEMM

Reizt der Gegner freiwillig einen Farbschlemm (nicht als Verteidigung), dann verlangt das Kontra vom Partner ein ungewöhnliches Ausspiel. Meist hat der Kontrierende ein Chicane und will den ersten Stich schnappen. Häufig handelt es sich um eine vom Gegner gereizte Farbe, oft die erste Farbe des Dummys.

West	Nord	Ost	Süd
	1♥	p	2♣
p	2♦	p	3♥
p	3♠ *	p	4♦ *
p	4SA	p	5♥ **
p	6♥	p	p
X			

West		Ost
♠ 10 9 8 5 4 3	N	♠ B 7 6
♥ 7 5 4	W O	♥ 2
♦ A 7 4 2	S	♦ 9 8 3
♣ –		♣ B 9 7 6 5 2

*) Kontrollgebote, **) 2 Keycards ohne Trumpfdame

Ohne das Kontra würde Ost vermutlich Pik angreifen, die ungereizte Farbe.

Das Lightner Kontra verbietet Ost das „normale" Pik-Ausspiel. Es verbietet auch Trumpf Ausspiel. In Frage kommen hier nur Karo und Treff. Angesichts seiner Treff-Länge sollte Ost das Treff-Ausspiel finden können.

Manchmal muss der Ausspielende bei der Wahl der Ausspielfarbe auch berücksichtigen, dass der Partner ein konventionelles Gebot hätte kontrieren können. Hat er dies nicht kontriert, kontriert aber den Endkontrakt, dann soll diese nicht kontrierte Farbe offensichtlich nicht ausgespielt werden.

West	Nord	Ost	Süd
			1SA
p	3♠	p	4♠
p	4SA	p	5♦ *
p	6♠	p	p
X			

♠ 6 4 2
♥ A 10 8 6 4
♦ B 7 6 5 2
♣ –

	N	
W		O
	S	

♠ 8
♥ 9 5 3
♦ 10 9 8 4 3
♣ D 10 3 2

Um Karo-Angriff zu erhalten, hätte West 5♦ kontrieren können. Da er dies nicht getan hat, kann er Karo-Ausspiel nicht wollen. Ost muss sich zwischen Treff und Coeur entscheiden. Da Ost in Treff eine Karte länger als in Coeur ist, sollte er Treff angreifen.

Manchmal findet das Lightner Kontra auch Anwendung gegen Vollspiele, vorzugsweise auf der 5er-Stufe. Das Erfolgsrisiko ist zweifellos höher, denn die Verteidigung benötigt mehr Stiche, um den Kontrakt zu schlagen.

1.3. KONTRA GEGEN 3SA

Auch das Kontra gegen freiwillig gereizte 3SA verlangt ein besonderes Ausspiel vom Partner.

Das richtige zu finden, ist nicht immer einfach. Es hängt stark vom Verlauf der Reizung ab.

Ulrich Auhagen schreibt 1973 in „Das große Buch vom Bridge": „Ausspielkontras gegen Sans-Atout-Kontrakte appellieren an den gesunden Menschenverstand." Um dem gesunden Menschenverstand hilfreich zur Seite zu stehen, seien die wichtigsten Situationen nachfolgend vorgestellt:

- Der Partner des Kontrierenden hat eine Farbe gereizt:

Das Kontra verlangt das Ausspiel seiner eigenen Farbe (des Ausspielers)

N
W O
S

♠ D 7 5 2
♥ 9 2
♦ B 10 9 4
♣ K 10 4

Süd	West	Nord	Ost
	1♦	2♣	3♦
p	3SA	p	p
X			

Süd will verhindern, dass der Partner sich durch Gegners 3SA davon abhalten lässt, seine gereizte Treff-Farbe anzugreifen. Das Kontra erscheint relativ ungefährlich, denn der Gegner besitzt im Höchstfall 24-25F. In der Karo-Farbe wird er außerdem eine Enttäuschung erleben. Mit Treff-Angriff bestehen gute Chancen, 3SA sogar mehr als einmal zu schlagen.

- Beide Gegenspieler haben eine Farbe gereizt:

Das Kontra verlangt: Partner spiele Deine eigene Farbe aus!

N
W O
S

♠ B 7 5 4 3 2
♥ A 6
♦ D 6 2
♣ 7 5

Süd	West	Nord	Ost
	1♣	1♦	1♥
1♠	1SA	p	2SA
p	3SA	p	p
X			

Nur ja vermeiden, dass der Partner zum Beispiel sein Double Pik Bild angreift. 3SA können wohl am ehesten über die Karo-Farbe geschlagen werden.

- Der Kontrierende hat eine Farbe gereizt:

Das Kontra verlangt eine andere Farbe!

(Klassisch hieß dieses Kontra: Partner, ich will wirklich, dass Du meine Farbe ausspielst. Doch der Partner wird in der Regel auch ohne das Kontra die gereizte Farbe angreifen. Darum ist das Kontra wertvoller, um den Partner auf eine andere Farbe umzuleiten.)

Hier ein Beispiel vom französischen „Ausspielpapst" Alain Lévy, veröffentlicht in der Rubrik „Les Entames" im Le Bridgeur, 1/2001:

Nord/Süd in Gefahr, Teamturnier

West	Nord	Ost	Süd
1♠	2♣	p	2♠
p	2SA	p	3SA
X	p	p	p

♠ A 10 8 7 5
♥ 10 3
♦ A D B 9 5
♣ 4

N
W O
S

♠ K B
♥ B 9 8 6 4 2
♦ 7 4
♣ 10 6 3

Für Karo 7 gibt Lévy 100 Punkte. Die Story dazu: In der nationalen Teamliga hat Jean Paul Meyer dieses Ausspiel gefunden. Da das anschließende Gegenspiel ebenfalls perfekt war, fiel der Kontrakt für -1400. Nach Pik König Angriff sind 3SA nicht mehr zu schlagen.

Dass dies keine neue französische Erfindung ist, beweist folgendes Beispiel aus „ACOL in Competition" von Eric Crowhurst aus dem Jahre 1980:

N
W O
S

♠ D 10 7 4 2
♥ A 4
♦ K D B 9 3
♣ 7

Süd	West	Nord	Ost
			1♥
1♠	2♣	p	2♥
p	2SA	p	3SA
X			

Der Partner soll Karo-Angriff finden! Also die Farbe, in der Süd außerhalb seiner gereizten Farbe am ehesten stark und lang sein könnte! Crowhurst schreibt, dieses Ausspielkontra neuen Stils sei bekannt unter Watson-Double. Seine Erklärung dazu schließt er ab mit „Elementary, my dear Watson".

➡ Keine Gegenreizung; die Eröffnungspartei reizt nur Sans-Atout.

Das Kontra verspricht eine lange sehr gute Oberfarbe.

Süd	West	Nord	Ost
		2SA	p
3SA	X	p	p
p			

♠ K D B 9 6 2
♥ A 6
♦ 5
♣ B 10 8 2

♠ 4 3
♥ B 7 5 3
♦ D 10 8 6 4
♣ 9 4

Ost kann sich so gut wie sicher sein, dass Partners lange gute Farbe nicht Coeur, sondern Pik ist.

➡ Keine Gegenreizung; die Eröffnungspartei reizt und hebt nur eine Unterfarbe.

Analog zum Fall ohne Farbreizung: Das Kontra verspricht eine lange sehr gute Oberfarbe.

♠ 8 2
♥ 6 4 2
♦ D B 5 3 2
♣ 10 9 5

Süd	West	Nord	Ost
			1♣
p	3♣	p	3SA
p	p	X	

Süd greift Pik an: seine kürzere Oberfarbe.

➡ Keine Gegenreizung; die Eröffnungspartei hat nur eine Farbe gereizt; die Farbe wurde nicht unterstützt; der Kontrierende sitzt hinter dieser Farbe.

Kontra verlangt das Ausspiel dieser Gegnerfarbe.

♠ A 7
♥ B 10 9 6
♦ A K D 10 8 2
♣ 5

Süd	West	Nord	Ost
			1♦
p	1SA	p	3SA
X			

Welchen anderen Grund sollte es geben, dass Süd auf 1♦ nicht reizen kann, dann aber 3SA kontriert?

- Keine Gegenreizung; die Eröffnungspartei reizt 2 oder mehr Farben.

  Das Kontra verlangt die erste Farbe des Dummys.

Süd	West	Nord	Ost
	1♣	p	1♥
p	2SA	p	3SA
X			

♠ D B 2
♥ A K D B 3
♦ 5
♣ B 9 7 5

Süd hofft darauf, bei Coeur-Angriff die ersten 5 Stiche realisieren zu können.

2. SOS-Rekontra

Das SOS-Rekontra wurde zunächst nach seinen schwedischen Erfindern als Kock-Werner-Redouble bekannt. Es kommt in folgender Situation zur Anwendung:

Der Gegner hat eine Farbe strafkontriert (oder ein Informationskontra mittels eines Passe in ein Strafkontra verwandelt). Das Rekontra funkt SOS an den Partner: Der Partner soll retten, indem er von den Restfarben seine längere bietet.

Süd	West	Nord	Ost
	1♠	2♣	p
p	X	p	p
XX			

♠ 9 6 3
♥ D 10 5 4 2
♦ B 10 5 4 2
♣ –

Ost sitzt offenbar mit ca. 5 Treff-Karten hinter Partners Treff-Farbe.

Das SOS-Rekontra fordert den Partner auf, seine bessere rote Farbe zu reizen, gerne auch mit 3er-Länge.

Auch die Eröffnungspartei verfügt über die Möglichkeit, ein SOS-Rekontra abzugeben. Dabei kann nicht nur der Partner des Farbreizers SOS funken, der Farbreizer darf auch selbst das SOS-Rekontra anwenden:

♠ K D 10 8
♥ D B 9 4
♦ 6 5
♣ A 5 3

Süd	West	Nord	Ost
1♣	X	p	p
XX			

Ost hat wahrscheinlich 6, mindestens aber 5 gute Treff-Karten. Mit Hilfe des Rekontras wird sich hoffentlich eine bessere Denomination finden lassen.

Zusammenfassung zu Kapitel C

Schlemmkonventionen in der Gegenreizung:

Alle aus der Reizung der Eröffnungspartei bekannten Schlemmkonventionen können auch in der Gegenreizung zum Einsatz kommen: vor allem Splinter, Kontrollgebote und RKCB.

Kontra gegen konventionelle Gebote:

Soweit nicht für spezielle Bietsituationen eine konventionelle Gegenreizungs-Vereinbarung besteht, ist jedes Kontra gegen ein künstliches Gebot ein Ausspielkontra.

Lightner-Kontra gegen freiwillig gereizten Farb-Schlemm:

Das Kontra verlangt ein besonderes Ausspiel. Meist hat der Kontrierende ein Chicane und will schnappen.

Kontra gegen 3SA:

Das Kontra ist ein Ausspielkontra. Je nach Situation verlangt das Kontra eine besondere Farbe:

- Der Partner des Kontrierenden hat eine Farbe gereizt: Er soll seine eigene Farbe angreifen.
- Beide Gegenspieler haben eine Farbe gereizt: Das Kontra verlangt: Partner spiele Deine eigene Farbe aus!
- Der Kontrierende hat eine Farbe gereizt: Das Kontra verlangt eine andere Farbe! Der Partner muss diese Farbe herausfinden unter Berücksichtigung seines Blattes und der Reizung.
- Keine Gegenreizung; die Eröffnungspartei reizt nur Sans-Atout. Das Kontra verspricht eine lange sehr gute Oberfarbe.
- Keine Gegenreizung; die Eröffnungspartei reizt und hebt nur eine Unterfarbe. Analog zum Fall ohne Farbreizung: Das Kontra verspricht eine lange sehr gute Oberfarbe.
- Keine Gegenreizung; die Eröffnungspartei hat nur eine Farbe gereizt; die Farbe wurde nicht unterstützt; der Kontrierende sitzt hinter dieser Farbe. Kontra verlangt das Ausspiel dieser Gegnerfarbe.
- Keine Gegenreizung; die Eröffnungspartei reizt 2 oder mehr Farben. Das Kontra verlangt die erste Farbe des Dummys.

SOS-Rekontra:

Ein Rettungsversuch aus Gegners Strafkontra. Das Rekontra fordert den Partner auf, diejenige Restfarbe zu bieten, in der er die meisten Karten hat.

Übungen zu Kapitel C

①

N / W O / S

♠ 7 4 2
♥ D B 4 2
♦ 8 5 2
♣ B 10 8

Welche Farbe soll Süd ausspielen?

Süd	West	Nord	Ost
			1♠
p	3♠	p	4♣ *
p	4♦ *	X	4♠
p	p	p	

*) Kontrollgebot

②

N / W O / S

♠ D 8 6 4 2
♥ B 10 9 2
♦ 5
♣ 7 5 3

Welche Farbe soll Süd ausspielen?

Süd	West	Nord	Ost
			1♦
p	1♠	p	3♦
p	6♦	X	p
p	p		

③

N / W O / S

♠ K B 7 5 3
♥ 7 6 3
♦ B 8 2
♣ K 2

Welche Farbe soll Süd ausspielen?

Süd	West	Nord	Ost
	1♣	1♦	1♥
1♠	3♣	p	3SA
p	p	X	p
p	p		

④

N / W O / S

♠ 4
♥ D 9 7 5 3
♦ B 9 7 5
♣ 8 5 4

Welche Farbe soll Süd ausspielen?

Süd	West	Nord	Ost
	1♠	p	1SA
p	2SA	p	3SA
p	p	X	p
p	p		

⑤

N / W O / S

♠ D 4 2
♥ 4
♦ K 4 2
♣ A D 9 7 5 2

Wie lautet die Ansage von Süd?

Süd	West	Nord	Ost
			1♦
2♣	p	p	X
p	p	XX	p
?			

Lösungen:

① Karo. Partners Kontra auf das Kontrollgebot ist ein Ausspielkontra für Karo.

---

② Pik. Partners Kontra ist ein Lightner Kontra. Der Partner hat höchstwahrscheinlich in einer Farbe ein Chicane. Sicherlich am ehesten in Ihrer längsten Farbe, zumal der Gegner diese auch gereizt hat.

---

③ Pik. Das Kontra fordert das Ausspiel der vom Ausspielenden gereizten Farbe. Der Partner muss eine Hochfigur in Pik haben.

---

④ Pik. Das Kontra verlangt die einzige Farbe, die der Dummy gereizt hat (ohne Unterstützung seines Partners). Nord hat wohl ein gutes 5er-Pik.

---

⑤ 2♠. Partners Rekontra funkt SOS. Er möchte, dass Sie die längere der Restfarben bieten.

Merke:
Bevor Sie ein Ausspielkontra abgeben, vergewissern Sie sich, dass Sie nicht selbst das erste Ausspiel haben.

Stichwortverzeichnis

Verzeichnis der Bietsequenzen

Dieses Verzeichnis soll das Auffinden von Bietsequenzen im Text erleichtern.

Dazu sind alle im Lehrbuch vorkommenden Reizungen in einer systematischen Ordnung aufgelistet, bei der folgende Reihenfolge gilt:

Passe

1♣ bis 7SA

Kontra

Rekontra

Diese Reihenfolge gilt wie bei einem alphabetischen Verzeichnis nicht nur für die Eröffnung, sondern auch für alle Folgegebote; maximal bis zum Ende der zweiten Bietrunde.

Findet man eine bestimmte Bietsequenz nicht im Verzeichnis, lohnt es sich oft, nach einer gleichwertigen Bietsequenz zu suchen.

Beispiel:

Man sucht eine Erklärung für folgende Bietsequenz:

Süd	West	Nord	Ost
1♣	X	p	2♥

Im Bietverzeichnis findet man diese Sequenz leider nicht.

Die gleichwertige Bietsequenz

Süd	West	Nord	Ost
1♣	X	p	2♠

ist leider auch nicht zu finden.

Dafür aber:

Süd	West	Nord	Ost
1♦	X	p	2♥

Verweis auf Seite 45.

Wenn Gegners Eröffnung eine konventionelle und von FORUM D PLUS abweichende Bedeutung hat, kann dies die Bedeutung der Ansagen in der Gegenreizung verändern.

Derartige konventionelle Eröffnungen sind im Bietverzeichnis mit einem Sternchen * markiert.

Im einzelnen handelt es sich um folgende konventionelle Eröffnungen:

1♣ = stark und künstlich (insbesondere Präzisionstreff)

2♦ = Multi

2SA = 5-5 in Unterfarben, unter Eröffnungsstärke

Die schwache 1SA-Eröffnung des Gegners ist nur dann mit einem Sternchen gekennzeichnet, wenn die Punktstärke maßgeblich für die Bedeutung der Gegenreizung ist.

West 1	Nord 1	Ost 1	Süd 1	West 2	Nord 2	Ost 2	Süd 2	Seite
p	p	1♦	p	1♠	1SA	X	5♣	110f.
p	1♦	p	1♠	1SA				105
p	2♥	p	p	X	p	2SA		139
1♣	p							43
1♣	p	p	1♥	p	p			83
1♣	p	p	1♥	p	2♥			83
1♣	p	p	1♥	p	2SA			83
1♣	p	p	1SA					87
1♣	p	p	2♣					87
1♣	p	p	2♣	p	2♠			88
1♣	p	p	2♣	p	2SA			88
1♣	p	p	2♣	p	3♣			88
1♣	p	p	2♣	p	3SA			88
1♣	p	p	2♣	p	4♥			88
1♣	p	p	X	p	1♠			85
1♣	p	p	X	p	1SA			85
1♣	p	p	X	p	2♥			85
1♣	p	1♦	p	1♥	1♠			77
1♣	p	1♥	p	2SA	p	3SA	X	185
1♣	p	1♥	1SA	p	2♥			80f.
1♣	p	1♠	p	1SA	X	2♠	3♥	80f.
1♣	p	1SA	p	p	X			90
1♣	p	1SA	p	2♣	p	p	X	90
1♣	p	1SA	p	2♣	X			79
1♣	p	1SA	2♣					105
1♣	p	3♣	p	3SA	p	p	X	184
1♣	1♦							43
1♣	1♦	p	1♥					22
1♣	1♦	1♠	2♥					31
1♣	1♦	1♠	X					31
1♣	1♥	p	1♠	2♣	p			35
1♣	1♥	p	1♠	2♣	2♠			35
1♣	1♥	p	1♠	2♣	X			35
1♣	1♥	p	2♣	p	2♥			21
1♣	1♥	p	2♣	p	2♠			21
1♣	1♥	p	2♣	p	2SA			21
1♣	1♥	p	2♣	p	3♥			21
1♣	1♥	p	3♦					22
1♣	1♥	p	3♥					19, 40f.
1♣	1♥	1♠	2♣					32
1♣	1♥	2♣	3♣					29
1♣	1♥	2♣	X					29
1♣	1♥	3♣	3♥					29f.

West 1	Nord 1	Ost 1	Süd 1	West 2	Nord 2	Ost 2	Süd 2	Seite
1♣	1♥	3♣	4♣					29f.
1♣	1♥	3♣	4♥					29f.
1♣	1♥	3♣	X					29f.
1♣	1♠	p	2♦	p	p			40f.
1♣	1♠	p	4♠					20
1♣	1♠	1SA	p	2♣	2♦			34
1♣	1SA	p	2♣					67
1♣	1SA	p	2♦	p	2♥			72f.
1♣	1SA	p	2♦					67
1♣	1SA	p	2♥					67
1♣	1SA	p	2♠					67
1♣	1SA	p	2SA					67
1♣	1SA	p	3♣					67
1♣	1SA	p	3♥					67
1♣	1SA	p	3♠					67
1♣	1SA	p	3SA					67
1♣	1SA	2♣	2♦					72f.
1♣	2♣							97
1♣	2♦	X	4♠					110f.
1♣	2♥	p	2♠					28
1♣	2♥	p	2SA					28
1♣	2♥	p	3♣					28
1♣	2♥	p	3♥					28
1♣	2♥	p	4♥					28
1♣	X							43
1♣	X	p	p	XX				186
1♣	X	p	1♥	p	1SA			56
1♣	X	p	1♥	p	2♣			56
1♣	X	p	1♥	p	2♣	p	2♦	56f.
1♣	X	p	1♥	p	2♣	p	2♥	56f.
1♣	X	p	1♥	p	2♣	p	3♥	56f.
1♣	X	p	1♥	p	2♣	p	3SA	56f.
1♣	X	p	1♥	p	2SA			56
1♣	X	p	1♥	2♣	X			64f.
1♣	X	p	1♠	p	2♣	p	3♣	64f.
1♣	X	p	1♠	p	2♥			55
1♣	X	p	1♠	p	3♥			55
1♣	X	p	1♠	2♣	X	3♣	3♠	58
1♣	X	p	1SA					46
1♣	X	p	2♣	p	2♥	p	3♥	58
1♣	X	p	4♥					46
1♣	X	1♥	1SA					62f.
1♣	X	1♠	2♥					62f.

West 1	Nord 1	Ost 1	Süd 1	West 2	Nord 2	Ost 2	Süd 2	Seite
1♣	X	1SA	2♠					49
1♣	X	3♣	X					53
1♣	X	XX	p					51
1♣	X	XX	1♦					51
1♣	X	XX	1♠					51
1♣	X	XX	2♥					52
1♣ *	p	1♦	2SA					172
1♣ *	p	1♦	X					171
1♣ *	1♠							171
1♣ *	1SA							172
1♣ *	1SA	X	2♦					176f.
1♣ *	2♠							171
1♣ *	X	2♦	p					173
1♣ *	X	2♦	2♠					173
1♣ *	X	2♦	4♥					173
1♦	p							13f., 62f., 66
1♦	p	p	p					84
1♦	p	p	1♠					87, 94f.
1♦	p	p	1SA	p	2♣			86f.
1♦	p	p	1SA	p	2♠			86f.
1♦	p	p	2♦					87
1♦	p	p	X					84
1♦	p	p	X	p	1♠	p	1SA	94f.
1♦	p	1♥	p	1SA	X			78
1♦	p	1♥	p	2♥	2♠			77
1♦	p	1♥	p	2♥	2♠	p	p	80f.
1♦	p	1♠	p	1SA	p	p	X	92
1♦	p	1♠	p	2♠	3♣			76
1♦	p	1♠	p	3♦	p	6♦	X	188f.
1♦	p	1♠	2♦					104
1♦	p	1♠	2♥					104
1♦	p	1♠	2♠					75
1♦	p	1♠	2♠	X	p			80f.
1♦	p	1♠	2SA					104
1♦	p	1SA	p	3SA	X			184
1♦	p	2♦	3♦					107
1♦	p	2♦	2SA					107
1♦	1♥	p	p	1♠	X			34
1♦	1♥	p	2♦					20
1♦	1♥	p	3♦					40f.
1♦	1♥	p	4♣	p	4♠	p	4SA	178
1♦	1♥							13f.
1♦	1♥	1SA	X					32

West 1	Nord 1	Ost 1	Süd 1	West 2	Nord 2	Ost 2	Süd 2	Seite
1♦	1♠							13f., 17, 96f.
1♦	1♠	p	p					23
1♦	1♠	p	p	2♣	2♠			33
1♦	1♠	p	1SA					23f.
1♦	1♠	p	2♦					24
1♦	1♠	p	2♠					18
1♦	1♠	p	2♠	p	2SA			19
1♦	1♠	p	2♠	p	3♣			19
1♦	1♠	p	2♠	p	3♦			19
1♦	1♠	p	2♠	p	3♠			19
1♦	1♠	p	2♠	p	4♠			19
1♦	1♠	p	2SA					23f.
1♦	1♠	p	3♦					22
1♦	1♠	p	3SA					23f.
1♦	1♠	1SA	2♦					33
1♦	1♠	2♦	X					40f.
1♦	1♠	2♥	X					31
1♦	1SA	p	2♣	p	2♦			67f.
1♦	1SA	p	2♣	p	2♠			67f.
1♦	1SA	p	2♣	p	2SA			67f.
1♦	1SA							66
1♦	1SA	2♠	2SA					70
1♦	1SA	2♠	X					70
1♦	2♣	p	p	X	p	p	XX	188f.
1♦	2♣	p	2♦					26
1♦	2♣	p	2♠					25
1♦	2♣	3♦	p	3SA	p	p	X	182
1♦	2♦							96f.
1♦	2♠							16
1♦	2SA							96f.
1♦	3♥							16
1♦	4♠							16f.
1♦	X							66
1♦	X	p	1♥					44
1♦	X	p	1♥	p	2♦			56
1♦	X	p	1♥	p	3♥	p	4♥	64f.
1♦	X	p	1♠					44
1♦	X	p	1♠	p	p			55
1♦	X	p	1♠	p	2♠			55
1♦	X	p	1♠	p	3♠			55
1♦	X	p	1♠	p	4♠			55
1♦	X	p	1♠	2♣	2♠			55
1♦	X	p	2♣					44

West 1	Nord 1	Ost 1	Süd 1	West 2	Nord 2	Ost 2	Süd 2	Seite
1♦	X	p	2♦					46f.
1♦	X	p	2♥					45
1♦	X	p	2♥	p	p			62f.
1♦	X	1SA	2♦					50
1♦	X	1SA	X					49
1♦	X	2♦	3♦					53
1♦	X	3♦	X	p	4♠			64f.
1♦	X	XX	1♥					62f.
1♥	p							99
1♥	p	p	p					85f.
1♥	p	p	1♠					82
1♥	p	p	1♠	p	1SA			83
1♥	p	p	1♠	p	2SA			83
1♥	p	p	1SA					85f.
1♥	p	p	1SA	p	2♦			86f.
1♥	p	p	1SA	p	2♠			86f.
1♥	p	p	2♣					82
1♥	p	p	2♠					82
1♥	p	p	2SA					85f.
1♥	p	p	X					82, 85f.
1♥	p	1SA	p	p	p			94f.
1♥	p	1SA	p	p	X			92
1♥	p	1SA	p	2♥	p	p	X	91
1♥	p	1SA	p	2♥	X			78
1♥	p	1SA	p	2♥	X	p	p	80f.
1♥	p	1SA	2♥					105
1♥	p	2♥	p	p	X			94f.
1♥	p	2♥	2♠					75, 107
1♥	p	2♥	2SA					107
1♥	p	2♥	3♥					107
1♥	p	2♥	4♣					107
1♥	p	3♥						110f.
1♥	1♠							99
1♥	1♠	p	1SA					40f.
1♥	1♠	p	2♣					23
1♥	1SA	p	2♣	p	2♦	p	3♦	69
1♥	1SA	p	2♦					72f.
1♥	1SA	p	2♦	p	2♥			68
1♥	1SA	p	2♦	p	2♠			68
1♥	1SA	2♥	X					71
1♥	2♣	p	2SA					26
1♥	2♣	p	3SA					26
1♥	2♣	2♦	2♥					32

West 1	Nord 1	Ost 1	Süd 1	West 2	Nord 2	Ost 2	Süd 2	Seite
1♥	2♣	2♥	p	p	p			34
1♥	2♣	2♥	p	p	2♠			34
1♥	2♣	2♥	p	p	2SA			34
1♥	2♣	2♥	p	p	X			34
1♥	2♣	3♥	X					30
1♥	2♥	p	2SA					102
1♥	2♥	p	3SA					102
1♥	2♦	p	4♦					25
1♥	2♦	p	5♦					25
1♥	2♥							99
1♥	2♥	3♥	4♠					101
1♥	2♥	4♥	5♣					96
1♥	2♥	X	p					102
1♥	2♥	X	2♠					102
1♥	2♥	X	2SA					102
1♥	2♥	X	3♦					102
1♥	2♥	X	4♠					100
1♥	3♣							99, 110f.
1♥	3♥							102
1♥	X	p	1♠	p	1SA	p	3SA	64f.
1♥	X	p	2♠	p	3♠	p	p	58
1♥	X	p	3♠					45
1♥	X	1♠	1SA					49
1♥	X	1♠	2♦					47f.
1♥	X	1♠	2♠					47f.
1♥	X	1♠	X					47f.
1♥	X	2♥	X					53
1♥	X	3♥	p	p	X			57
1♥	X	3♥	3♠					52
1♥	X	XX	p					51
1♥	X	XX	1♠					51
1♥	X	XX	2♣					51
1♠	p							14f., 42
1♠	p	p	1SA	2♦	2SA			86f.
1♠	p	p	1SA	2♦	X			86f.
1♠	p	p	2SA	p	3♣			94f.
1♠	p	1SA	2SA					106
1♠	p	2♠	p	p	p			89
1♠	p	2♠	p	p	2SA			89
1♠	p	2♠	p	p	3♥			89
1♠	p	2♠	p	p	X			89
1♠	p	2♠	p	p	X	p	2SA	90
1♠	p	2♠	2SA					106

West 1	Nord 1	Ost 1	Süd 1	West 2	Nord 2	Ost 2	Süd 2	Seite
1♠	X	3♠	X					53
1♠	X	XX	p	p	2♣	X	2♥	51
1SA	p	p	2♣					120
1SA	p	2♣	2SA					121
1SA	p	2♣	X					121
1SA	p	2♥	2♠					121
1SA	2♣							115ff., 124f.
1SA	2♣	p	p					117
1SA	2♣	p	2♦					118, 124f.
1SA	2♣	p	2♦	p	2♠	p	2SA	118
1SA	2♣	p	2♥					116
1SA	2♣	p	2SA					118
1SA	2♣	p	2SA	p	p			118
1SA	2♣	p	2SA	p	3♣			118
1SA	2♣	p	2SA	p	3♥			118
1SA	2♣	p	2SA	p	3SA			118
1SA	2♣	p	2SA	p	4♥			118
1SA	2♣	p	3♦					119
1SA	2♣	p	3♦	p	p			119
1SA	2♣	p	3♦	p	3SA			119
1SA	2♣	p	3♦	p	5♦			119
1SA	2♣	p	3♥					117
1SA	2♣	p	4♠					117
1SA	2♣	X	p					119
1SA	2♣	X	2♦					119f.
1SA	2♣	X	2♦	p	p			124f.
1SA	2♦							113f.
1SA	2♠							114
1SA	2SA							120
1SA*	p							112ff.
1SA*	p	2♣	X	p	p	2♥	p	124f.
1SA*	p	2♦	X					122
1SA*	3♠							114f.
2♣	2SA							163
2♣	4♠							162
2♣	X							112f.
2♦	X							163
2♦ *	p							165, 176f.
2♦ *	p	2♥	p	p	2SA			167
2♦ *	p	2♥	p	p	X			166
2♦ *	p	2♥	p	p	X	p	2SA	176f.
2♦ *	p	2♥	X					166
2♦ *	p	2♠	X					166

West 1	Nord 1	Ost 1	Süd 1	West 2	Nord 2	Ost 2	Süd 2	Seite
2♦ *	p	3♥	p	p	X			167
2♦ *	3♦							162
2♦ *	X							165
2♦ *	X	p	p					168
2♦ *	X	p	p	2♥	p			168
2♦ *	X	p	2♠					169
2♦ *	X	p	2SA	p	3♣	p	3♦	169
2♦ *	X	p	3♠					169
2♦ *	X	2♥	X	2♠	p	p	X	167
2♥	p	p	2♠					131
2♥	p	p	X	p	2SA	p	3♣	139
2♥	p	3♣	X					139
2♥	p	3♥	3♠					131
2♥	p	3♥	4♣					146
2♥	p	3♥	4♥					146
2♥	p	3♥	4SA					146
2♥	p	3♥	5♣					146
2♥	2♠							126
2♥	2♠	p	p					128
2♥	2♠	p	3♥					128f.
2♥	2♠	p	3♠					128
2♥	2♠	p	4♠					128f.
2♥	2SA							140
2♥	2SA	p	3♦	p	3♠			148f.
2♥	3♣	p	3♠					130
2♥	3♥	p	3♠					142
2♥	3♣	p	3♠	p	3SA			130f.
2♥	3♣	p	3♠	p	4♦			130f.
2♥	3♣	p	3♠	p	4♥			130f.
2♥	3♣	p	3♠	p	4♠			130f.
2♥	3♥	p	3SA					142
2♥	3♥	p	4♣					142
2♥	3♠							127, 148f.
2♥	4♣							143
2♥	4♦							144
2♥	4♦	p	4♠					144f.
2♥	4♦	p	4SA					144f.
2♥	4♦	p	5♣					144f.
2♥	4SA	p	7♣					148f.
2♥	X	p	2♠					134
2♥	X	p	2SA					148f.
2♥	X	p	2SA	p	3♣			133f., 137
2♥	X	p	2SA	p	3♦			137

West 1	Nord 1	Ost 1	Süd 1	West 2	Nord 2	Ost 2	Süd 2	Seite
2♥	X	p	2SA	p	3SA			137
2♥	X	p	2SA	3♣	p	3♦		164
2♥	X	p	3♣					133f.
2♥	X	p	3♥					135
2♥	X	p	3♠					135
2♥	X	3♣	3SA					138
2♥	X	3♣	X					138
2♠	p	p	p					139
2♠	p	p	X					139
2♠	p	2SA	3♦					132
2♠	2SA	p	3♣					140f.
2♠	2SA	p	3♦					140f.
2♠	2SA	p	3♥					140f.
2♠	2SA	p	3♠					140f.
2♠	3♣							127
2♠	3♦	p	3♠					130
2♠	3♦	p	3SA					130
2♠	3♦	p	5♦					130
2♠	3♦	3♠	p	p	4♣			145
2♠	3♥	p	p					129
2♠	3♥	p	3♠					129
2♠	3♥	p	4♥					129
2♠	3SA							140
2♠	4♥							127
2♠	4SA							144
2SA	X							132f.
2♠	X	p	2SA					176f.
2♠	X	p	2SA	p	3♣	p	3♥	136
2♠	X	p	2SA	p	3♣	p	3♠	136
2♠	X	p	2SA	p	3♣	p	3SA	136
2♠	X	p	2SA	p	3♥	p	4♥	148f.
2♠	X	p	3♦					134
2♠	X	p	3SA					135
2♠	X	p	4♣					138
2♠	X	p	4♣	p	3♦			138
2♠	X	p	4♣	p	4SA			138
2♠	X	p	4♣	p	5♣			138
2♠	X	p	4♥					137
2♠	X	3♥	3♠					138
2SA*	p	3SA	X					184
2SA*	3♣							170
2SA*	3♦							170
2SA*	3♦	p	3♠					176f.

West 1	Nord 1	Ost 1	Süd 1	West 2	Nord 2	Ost 2	Süd 2	Seite
2SA*	3♥							170
3♣	3♥							151
3♣	3♥	4♣	X					157
3♣	3SA	p	4♣					157
3♣	3SA	p	4♦					160f.
3♣	4♣	p	4♦					160f.
3♣	4♣							153
3♣	4♠							151
3♣	X							170
3♦	3♥	p	3♠					154
3♦	3♥	p	4♦					154
3♦	4♥	p	p					160f.
3♦	4♥	p	4♠					154
3♦	X	4♣	X					157
3♥	p	p	X					157
3♥	3SA							152
3♥	4♣	4♥	X					157
3♥	5♦							152
3♥	X	p	4♦					155
3♥	X	p	4♥					155
3♥	X	p	4♥	p	4♠			155
3♥	X	p	4♥	p	5♥			155
3♥	X	p	4♥	p	6♣			155
3♥	X	4♥	X					157
3♠	4SA							153
3♠	X							152
3♠	X	p	p					156
3♠	X	p	3SA					156
3♠	X	4♠	4SA					160f.
4♥	X							152
4♠	X							152
4♠	X	p	4SA					156
4♠	4SA							153
4♠	4SA	p	5♣	p	5♦	p	5♥	160f.